Passa à M⟨acedónia⟩

e Ajuda-nos

Manual Missionário volume I

Roberto Soares

Produção independente:

Soares, Roberto de Oliveira,

Passa à Macedônia e Ajuda-nos.

Até os confins da Terra

Português

ISBN 978-1-480294-80-6

Copyright © 2011

1ª Edição, Londres/ 2013.

www.omnegospel.com

Revisão Ortográfica : Sandro Ribeiro Dantas Costa

Editoração Eletrônica : Daniel Rutigliano

Editor de Arte : Kiran Kumar

Publicado por:

Roberto Soares de Oliveira

Produção autônoma

London, England

UK

Impresso em USA

Recomendação

É uma honra poder apresentar o Manual Missionário volume I a todos àqueles que, diante de uma necessidade de pregar o Evangelho de nosso Senhor Jesus Cristo, não encontram de imediato uma solução ou ideia para atingir a este tão sublime alvo. Chega a todos vocês esta Gloriosa Ferramenta:

O Manual Missionário Volume I. Tal instrumento, foi desenvolvido e elaborado debaixo de uma visão missionária que, irá impactar à todos os que amam o Ide de Jesus Cristo, conforme (Mc 16:15).

Rev. Pr Carlos Lima
Omega, World ministries.
www.omegaworldministry.co.uk

OMEGA
World Ministry

Conteúdo

Dedicatória

Dedico este livro, com muito amor e carinho, aos meus pais, aos meu queridos pais dedico todas as vitórias que tenho alcançado em nome de Jesus. Sei muito bem que eles continuam a orar por mim, para que eu vença novos desafios e transponha outras montanhas. Também aos irmãos, amigos, cujo entusiasmo muito nos incentivou na preparação deste livro. Juntos podemos dizer "Bendito seja Deus por sua Palavra dirigida aos nossos corações". Saiba o leitor que estes capítulos são resultado de muitas horas na presença de Deus e de muita meditação na sua bendita Palavra. Estes capítulos bem poderiam ser sumariados com a exclamação de Paulo: "Ó profundidade das riquezas, tanto da sabedoria como da ciência de Deus". Eis um para cada pastor, evangelista, missionário, obreiros, leigo e crente dedicado. Meu desejo é que os leitores sejam profundamente edificados através deste livro e que após tê-lo, deem graças ao Espírito Santo de Deus.

Prefácio

Aqui está o retrato de alguém que tem o chamado e o desejo de servir ao Senhor além das fronteiras. Não é por acaso que o título deste livro vem à tona, porque isto é o que está no coração do seu autor: testemunhar do Mestre no país que o Senhor tem colocado no seu coração: a Albânia.

Conheço o missionário Roberto Soares por mais de seis anos e tenho presenciado seu esforço, chamado e dedicação a fim de concretizar esse chamado de Deus na sua vida. Admiro sua perseverança e fé nessa visão. Ele tem enfrentado indiferenças, desistências, incredulidades e desânimo; porém diante de tudo isso continua persistindo no que Deus o chamou e quer obedecê-Lo. O missionário Roberto Soares não é uma pessoa perfeita, como também não o foram tantas pessoas a quem Deus chamou e usou no engrandecimento do seu reino. Acredito que vale a pena apoiar e enviar alguém como o missionário Roberto Soares, quem o tempo tem provado ser um servo de Deus. Que a vontade de Deus seja feita em sua vida, essa é minha oração.

Ivonete Silva, Missionária
Missão Betel, Londres.

BETEL BRASILEIRO
Maneja bem a Palavra da Verdade

Apresentação

O desejo missionário e a edição deste livro nasceu do anseio em alcançar as nações não alcançadas com a mensagem do Evangelho. Surgiu também porque entendemos que a Igreja Corpo de Cristo é responsável pelo envio e pelo sustento de seus obreiros.

Os pontos mencionados nestes 12 capítulos formam a base primordial para o Despertamento das igrejas sobre sua responsabilidade na evangelização das nações como cumprimento imperativo do **IDE** de Jesus Cristo. ***"...Sereis minhas testemunhas tanto em Jerusalém como em toda Judeia e Samaria e até os confins da terra"*** (At 1.8). No envio e no sustento dos missionários. Despertando cada cristão para o compromisso de orar e contribuir financeiramente.

Reconhecemos com gratidão o trabalho árduo daqueles que fazem missões. Manifestamos nosso apreço aos que estão, hoje, nessa luta. Ao mesmo tempo conclamamos os amados irmãos a que se juntem a nós nesta jornada e participem da alegria de levar vidas aos pés e ao Senhorio de Jesus Cristo.

Pr. Roberto Oliveira,
Diretor Executivo:

MEM - World Strategy Mission
(**www.estrategiamundial.org**)

Introdução

A natureza de missões em si mesma é a proclamação do Cristo bíblico e histórico como Salvador e Senhor com o propósito de persuadir os homens, para que por intermédio Dele recebam perdão de pecados e reconciliem-se com Deus. A igreja ocupa o ponto central do propósito divino e ela é o instrumento para difusão do propósito. A evangelização e a missão mundial requerem que a igreja leve a todo o mundo o evangelho integral em trabalho mútuo de cooperação. Todas as igrejas devem perguntar a Deus, e a si próprias, o que deveriam estar fazendo para alcançar o mundo, revelando assim o cárater universal da Igreja de Cristo. A urgência missionária - Com mais de dois terços da humanidade ainda não eficientemente evangelizada, como igreja, sentimos-nos envergonhados da nossa negligência.

Sendo cada geração responsável pela sua geração, esta é a hora da igreja orar fervorosamente visando à evangelização total do mundo. A cultura de um povo em parte é boa e em outra parte é má, devido à

Queda, por isso deve sempre ser julgada e provada pelas Escrituras, para que possa ser redimida e transformada para a Glória de Deus. Diante disso, a missão mundial requer o desenvolvimento de estratégias e metodologias novas e criativas. A liberdade de praticar e propagar o cristianismo de acordo com a vontade de Deus é um direito nosso. Missões só se concretizará com uma igreja cheia do Espírito Santo, sendo Ele quem convence o homem do pecado. O Espírito Santo é o espírito de missões e tem um profundo interesse pelas nações. A segunda vinda de Cristo representa um incertivo a missões. Cremos que o período intermediário entre sua ascensão e o segundo retorno deve ser usado para o cumprimento da nossa missão como Povo de Deus. A obra missionária não poderá parar enquanto Jesus Cristo não vier.

Você já imaginou um dia ver as pessoas mais distantes e duras serem alcançadas pelo evangelho? Espero que sim, pois essa é a vontade de Deus, que todos sejam alcançados. Por isso a revelação de Apocalipse 5.9 é ampla e clara quando diz: "E cantavam um cântico novo, dizendo: Digno és de tomar o livro, e de abrir os seus selos; porque foste morto, e com o teu sangue compraste para Deus homens de toda tribo, e língua, e povo e nação." Passa à Macedônia e ajuda-nos, chega até você com esta proposta: Despertar o seu coração para a grande necessidade do mundo: O evangelho. Também fornecer-lhe uma ferramenta simples e prática sobre a necessidade de implantar um departamento missionário em sua igreja. Ou se já existe um envolvimento seu em missões, ajudar-lhe a desenvolver esse compromisso através das ideias contidas neste livro.

Espero que ao término da leitura você não engavete o livro, mas coloque-o em um lugar de fácil acesso para utilizá-lo como um material de pesquisa sobre os pontos discutidos em missões e as estatísticas contidas do mesmo. Os seis primeiros capítulos deste livro tratam do movimento missionário da igreja primitiva em Atos dos apóstolos e os últimos capítulos destacam a necessidade de colocarmos em ação o modelo bíblico como potencial de fazer da oração e o IDE um dos mais estimulantes e produtivos Modelo para a Igreja Contemporânea.

Que o Senhor o abençoe nesta leitura e os assuntos contidos aqui possam te incentivar a fazer ou a continuar fazendo missões.

I

MISSÕES COMEÇAM EM
JERUSALÉM

Mas recebereis poder, ao descer sobre vós o Espírito Santo, e ser-me-eis testemunhas, tanto em Jerusalém, como em toda a Judéia e Samária, e até os confins da terra.

Atos 1:8

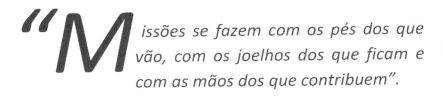

"**M**issões se fazem com os pés dos que vão, com os joelhos dos que ficam e com as mãos dos que contribuem".

19

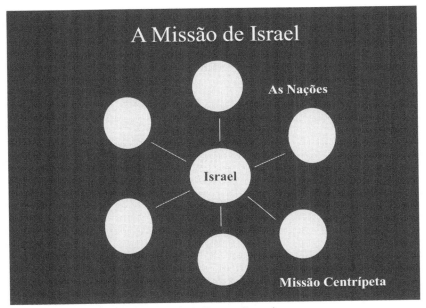

Fig. 1: Modelo Missionário de Missão Centrípeta

Quando se risca um fosfóro, a fricção gera uma faísca no palito. Uma pequena chama queima a extremidade e cresce, abastecida pela madeira e pelo ar. O calor aumenta e logo o palito é consumido por uma chama alaranjada ou avermelhada. Quanto mais se estende, mais consome a madeira. A chama se tornou fogo.

20

Há quase dois mil anos, um "fósforo" (o cristianismo) foi riscado na Palestina. A princípio, apenas alguns naquele lugar foram tocados e aquecidos. Mas o "fogo" se espalhou além de Jerusalém e da Judeia e atingiu todo o mundo, todas as pessoas. O livro de Atos fornece um fiel relato sobre o nascimento e a expansão da igreja cristã, que começou em Jerusalém com um pequeno grupo de discípulos e se espalhou por todo o Império Romano, onde as Boas Novas foram pregadas.

Revestido pelo Espírito Santo, o grupo corajoso de discípulos pregou, ensinou, curou e demonstrou o amor de Cristo em sinagogas, escolas, casas, mercados, tribunais, ruas, colinas, navios e estradas no deserto. Aonde quer que Deus os enviasse, a vida e a história das pessoas seriam mudadas. Escritos por Lucas como uma continuação de seu Evangelho,

Atos é um registro histórico preciso da Igreja Primitiva. Mas também é um livro teológico com lições e exemplos vivos do Espírito Santo, das relações da Igreja e sua organização, das implicações da graça e da lei do amor. É também um trabalho apologético, que ajudou a construir um forte alicerce para a fé cristã ao demonstrar o cumprimento das afirmações e promessas de Cristo. O Livro de Atos começa com o episódio do derramamento do Espírito Santo, prometido por Jesus, e o início da proclamação do Evangelho. Essa evangelização, inspirada pelo Espírito Santo, começou em Jerusalém e se estendeu a Roma, cobrindo a maior parte do império. O evangelho chegou primeiro aos Judeus, mas esses, como nação, rejeitaram-no. Apenas alguns judeus receberam alegremente as Boas Novas. A rejeição contínua do evangelho pela maioria dos judeus levou à proclamação sempre crescente do evangelho aos gentios. Isso estava de acordo com o plano de Jesus, o evangelho deveria ser pregado em Jerusalém, na Judeia, em Samaria e **nos confins da terra.** (1.8) De fato, essa ordem e o padrão seguido pela narrativa de Atos. *A gloriosa proclamação do evangelho começou em Jerusalém(1-7),* foi para a Judeia , Samaria (8) e seguiu para os países além da Judeia (11.19;13.4). A segunda metade do livro de Atos enfoca principalmente as viagens de Paulo a muitos países ao norte do mar Mediterrâneo. O apóstolo e seus companheiros levaram o evangelho primeiro aos judeus, depois aos gentios. Alguns judeus creram, e muitos gentios receberam as Boas Novas com alegria. Novas igrejas tiveram início, e novos crentes começaram a crescer na vida cristã. Ao ler o livro de Atos, coloque-se no lugar dos discípulos: identifique-se com aqueles que foram cheios do Espírito Santo e experimente a emoção de ver milhares de respostas à mensagem do evangelho! Sinta o comprometimento demonstrado pelos que dedicaram cada talento de seu tesouro a Cristo. Ao ler Atos, perceba a ousadia e a coragem que o Espírito Santo concedia aos crentes do primeiro século que, mesmo diante do sofrimento e da morte, aproveitavam todas as oportunidades para falar de seu Senhor crucificado e ressuscitado. Então, decida ser uma versão deste século daqueles homens e mulheres de Deus! Depois da ressurreição de Jesus Cristo, Pedro pregou corajosamente e realizou muitos milagres. As atitudes de Pedro demonstram a fonte e os efeitos do poder cristão. O povo de Deus foi capacitado pelo Espírito Santo para realizar a obra. O Espírito Santo ainda está disponível para capacitar os cristãos de hoje. Devemos nos voltar para Ele a fim de obtermos força, coragem e ousadia para realizarmos a obra de Deus.

O trabalho missionário de Paulo nos mostra o progresso do cristianismo. O evangelho não podia ser confinado a uma parte do mundo, pois a fé cristã oferece esperança para toda a humanidade. Nós também devemos ter a mesma ousadia e coragem, participando desta tarefa heróica de testemunhar a favor de Cristo em todo o mundo.

livro de Atos conta a história de como o cristianismo foi fundado, organizado e como os problemas foram resolvidos. A comunidade dos crentes surgiu pela fé no Cristo ressuscitado e no poder do Espírito Santo, que a capacitou para testemunhar, amar e servir a Deus. A igreja cristã não começou ou cresceu por seu próprio poder ou entusiasmo. Os discípulos foram capacitados pelo Espírito Santo. Ele era o Conselheiro e o Guia prometido e foi

enviado quando Jesus ascendeu ao céu. O livro de Atos apresenta a história de uma comunidade dinâmica e crescente de cristãos de Jerusalém, da Síria, da África, da Ásia e da

Europa. No primeiro século, o cristianismo se estendeu dos judeus aos não-judeus em 39 cidades e 30 países, ilhas e províncias. Pedro, João, Felipe, Paulo, Barnabé e muitos outros testemunharam sua fé em Cristo. Por meio do testemunho pessoal, da pregação e da defesa perante às autoridades relataram corajosamente as Boas Novas a todos os tipos de grupos. Com encarceramentos, espancamentos, açoites e motins, os cristãos foram perseguidos tanto por judeus como por gentios. Mas a oposição se tornou um catalisador para a expansão do cristianismo. O crescimento durante os tempos de opressão mostra que o cristianismo não é uma obra humana, mas de Deus.

A importância de novas igrejas estão sendo continuamente fundadas. Pela fé em Jesus Cristo e através do poder do Espírito Santo, a igreja cristã pode ser um agente de mudanças. À medida que enfrentamos novos problemas, encontraremos no livro de Atos importantes soluções, o trabalho do Espírito Santo demonstrou que o cristianismo é sobrenatural. Deste modo, a igreja cristã se tornou mais consciente do Espírito Santo do que dos problemas. Pela fé qualquer crente pode pedir o poder do Espírito Santo para fazer a obra de Cristo. Quando o Espírito Santo trabalha, existe movimento, entusiasmo e crescimento. Ele nos dá a motivação, a energia e a habilidade para levarmos o evangelho ao mundo inteiro, qual é a sua posição no plano de Deus para disseminar o cristianismo? Qual e seu lugar nesse movimento?

Nós somos o Povo de Deus, escolhidos para ser parte de seu plano de alcançar o mundo. Com amor e fé podemos ter a ajuda do Espírito Santo quando testemunhamos ou pregamos. Testemunhar é benéfico porque fortalece nossa fé, à medida que confrontamos aqueles que a desafiam, Deus pode trabalhar por meio de qualquer oposição.

Ao enfrentar a perseguição por parte de incrédulos hostis, perceba que esta se deve ao fato de você ser uma testemunha fiel que procura a oportunidade de apresentar as Boas Novas a respeito de Cristo. Aproveite as oportunidades proporcionadas pela oposição!

Os vers. 1-11 São a ponte entre os acontecimentos registrados nos Evangelhos e os que marcam o início da igreja. Jesus passou 40 dias ensinando seus discípulos, e estes mudaram drasticamente de vida. Antes, discutiram entre si, abandonaram seu Senhor, e um deles (Pedro) até mentiu, dizendo que não conhecia Jesus. Após uma série de reuniões com o Cristo ressuscitado, os discípulos tiveram muitas perguntas respondidas. Convenceram-se da ressurreição, aprenderam sobre o Reino de Deus e sobre a fonte de seu poder: o Espírito Santo. Ao ler a Bíblia, podemos nos assentar com o Cristo ressuscitado em sua escola de discipulado. Crendo nEle, podemos receber seu poder através do Espírito Santo e nos tornamos novas pessoas. Unindo-nos a outros cristãos, podemos tomar parte na realização da obra de Deus na terra. Lucas disse que os discípulos foram testemunhas oculares de tudo o que aconteceu a Jesus Cristo: sua vida antes e depois da crucificação. Após ressuscitar, Jesus passou 40 dias ensinando com os discípulos sobre o Reino de Deus. Ainda hoje existem algumas pessoas que duvidam da ressurreição de Jesus. Mas Ele apareceu aos discípulos em muitas ocasiões depois de sua ressurreição, provando estar vivo. E várias foram as mudanças que a ressurreição de Jesus provocou na vida dos discípulos. Na ocasião da morte de Jesus, eles se

dispersaram, ficaram desiludidos e temeram por sua vida. Depois de ver o Cristo ressurreto, tornaram destemidos e arriscaram tudo para divulgar as Boas Novas a respeito dEle a todo o mundo. Enfrentaram prisões, espancamentos, rejeição, martírio e nem assim abandonaram sua Missão. Aqueles homens teriam arriscado a vida por algo que soubessem ser uma fraude. Sabiam que Jesus havia ressuscitado e a Igreja Primitiva foi contagiada pelo entusiasmo deles; os cristãos espalharam a notícia. É importante saber sobre a ressurreição, pois assim podemos ter total confiança no testemunho de Cristo.

Vinte séculos mais tarde ainda podemos ter a certeza de que a nossa fé se baseia em fatos.

Jesus explicou que, com sua vida, o Reino de Deus havia sido inaugurado. Quando retornou ao céu, o Reino permaneceu no coração de todos os cristãos por meio da presença do Espírito Santo. Mas o Reino de Deus não estará completo até que Jesus Cristo volte para julgar todas as pessoas e remover todo o mal do mundo. Até que esse dia chegue, os cristãos devem trabalhar para levar o Reino de Deus ao mundo. No livro de Atos está registrado como este trabalho de evangelismo e missões teve início. Devemos continuar a obra iniciada pela igreja Primitiva!

A Trindade é a descrição da manifestação única de Deus como Pai, Filho e Espírito Santo. Se Jesus tivesse ficado na terra, sua presença física teria se limitado à expansão das Boas Novas, porque fisicamente Ele só poderia estar em um lugar de cada vez. Depois de ir ao céu, Cristo estaria espiritualmente presente em todos lugares por meio do Espírito Santo. Este foi enviado para que Deus estivesse dentro dos cristãos, depois do retorno de Cristo ao céu. O Espírito os confortaria e os guiaria no sentido de conhecerem a verdade, os lembraria do que Jesus disse a cada um deles, lhes daria as palavras certas para dizer e os encheria de poder.

28

A partir do Pentecostes, o Espírito Santo está disponível a todos os que creem em Jesus. Podemos receber o Espírito Santo (ser batizados com Ele) a partir do momento em que recebemos Jesus como nosso Salvador. O batismo com o Espírito Santo deve ser entendido à luz de sua obra completa na vida de cada cristão. O Espírito Santo marca o início da experiência cristã. Não podemos ser cristãos sem o Espírito Santo de Deus (Rm 8.9); não é possível nos unirmos a Cristo sem seu Espírito, não podemos ser adotados como filhos de Deus sem seu Espírito, não podemos fazer parte do corpo de Cristo sem ter o Espírito Santo (1 Co 12.13).

O Espírito Santo é o poder de Deus em nossa vida. Ele inicia um processo vitalício de mudanças, fazendo com que nos tornemos mais parecidos com Cristo(Gl 3.3). Quando recebemos Cristo pela fé, começamos a ter imediatamente um relacionamento pessoal com Deus, O Espírito Santo trabalha em nós, ajudando-nos a ser cada vez mais semelhantes a Cristo. O Espírito une a comunidade cristã em Cristo (Ef 2.19). O Espírito Santo pode ser experimentado por todos e trabalha por intermédio de todos (1 Co 12.11).

II

ATÉ OS CONFINS
DA TERRA...

Então, Filipe, abrindo a boca e começando nesta Escritura, lhe anunciou a Jesus

Atos 8.35

Durante os anos do ministério de Jesus na terra, os discípulos continuamente inquiriam sobre o Reino de Deus. Quando viria? Que papel teriam neste Reino? Na visão tradicional, o Messias seria um líder terreno que livraria Israel do domínio de Roma. Mas o Reino do qual Jesus falou era em primeiro lugar espiritual, estabelecido no coração e na vida de cada crente (Lc 17.21). A presença e o poder de Deus habitam nos cristãos na pessoa do Espírito Santo.

Como os outros judeus, os discípulos sofreram sob o domínio dos governantes romanos. Eles queriam que Jesus libertasse Israel do poder de Roma e se tornasse seu rei. Jesus respondeu que o Pai estabeleceu o tempo de todos os acontecimentos mundiais, nacionais e pessoais. Se você deseja que Deus realize mudanças em sua vida, não seja impaciente, confie no cronograma de Deus.

O poder do Espírito Santo não é limitado a uma força superior ao que é considerado comum. Tal poder envolve coragem, ousadia, confiança, perspicácia, habilidade e autoridade.

Os discípulos precisariam de todas essas qualidades para cumprir sua missão. Se você crer em Jesus Cristo como seu Salvador, poderá experimentar o poder do Espírito Santo em sua vida. Jesus prometeu aos discípulos que receberiam poder para testemunhar depois de terem recebido o Espírito Santo. Note a progressão. Eles receberiam o Espírito Santo, que lhes daria poder, então testemunhariam e alcançariam resultados extraordinários. Frequentemente tentamos inverter a ordem e testemunhar por nosso poder e nossa autoridade. O testemunho não é a exibição do que podemos fazer por Deus. É a prova e o testemunho do que Deus fez por nós. Jesus instruiu seus discípulos a testemunharem aos povos de todas as nações a respeito dEle(Mt28.19,20). Porém, foram informados de que deveriam esperar primeiro pelo derramamento do Espírito Santo (Lc 24.49).

Deus tem um trabalho importante para que cada um de nós realizemos para Ele, mas devemos fazê-lo pelo poder do Espírito. Frequentemente, gostamos de dar prosseguimento ao trabalho, ainda que isso signifique passar à frente de Deus. Mas às vezes a espera faz parte do plano dEle. Você está esperando e ouvindo as instruções completas de Deus ou está correndo à frente de seus planos? Precisamos obedecer a programação de Deus e ter o seu poder para sermos verdadeiramente eficazes. As Boas Novas deveriam ser pregadas em Jerusalém, depois na Judeia e em Samaria, e finalmente no mundo inteiro. O cristianismo começaria com os judeus devotos em Jerusalém e na Judeia, seria anunciado aos judeus mestiços de Samaria, e depois aos gentios nos lugares mais remotos da terra. Podemos

considerar que as Boas Novas de Deus não alcançaram seu destino final se alguém em sua família, seu local de trabalho, sua escola ou em sua comunidade ainda não tivesse ouvido falar a respeito de Jesus Cristo. Certifique-se de que você está contribuindo de alguma maneira com a propagação da mensagem do amor de Deus! Foi importante para os discípulos verem a ascensão de Jesus ao céu. Dessa forma acreditaram, sem dúvida, que Ele é Deus e que seu lar é o céu.

A história não é uma mera casualidade nem um conjunto de acontecimentos cíclicos, move-se em direção a um ponto específico; o retorno de Jesus Cristo para julgar e governar a terra. Devemos estar prontos para seu retorno súbito (1 Ts 5.2), não andando a esmo, olhando para os céus e sim trabalhando arduamente para compartilharmos as Boas Novas de forma que outros também possam se tornar participantes das grandes bênçãos de Deus.

Depois de Cristo ascendido ao céu, os discípulos retornaram imediatamente a Jerusalém e fizeram uma reunião de oração, Jesus disse que seriam batizados com o Espírito Santo em poucos dias, então eles esperaram e oraram. Quando você estiver diante de uma tarefa difícil, uma decisão importante ou um dilema desconcertante, não aja precipitadamente, esperando que a situação termine bem. Seu primeiro passo deve ser orar pedindo o poder e a direção do Espírito Santo.

O pequeno grupo de onze pessoas já havia aumentado para mais de 120. A pauta da reunião consistia em designar um novo discípulo, ou apóstolo, como os onze passaram a ser designados. Enquanto os apóstolos esperavam, faziam o que podiam, oravam, buscavam a direção de Deus e organizavam-se. Esperar Deus trabalhar não significa fazer nada. Devemos fazer o que podemos, contanto que não passemos à frente de Deus.

As Boa Novas eram surpreendentes para a igreja em Jerusalém, mas quando Pedro contou sobre a conversão dos gentios, os judeus louvaram a Deus por seu plano de que todas as pessoas ouvissem o evangelho, isso impulsionou a igreja a alcançar círculos mais amplos, a ponto de a mensagem de

Cristo ser pregada aos gregos na Antioquia, para onde Barnabé se dirigiu a fim de encorajar os novos crentes. Barnabé seguiu posteriormente para Tarso a fim de se encontrar com Saulo

para agradar os líderes judeus, Herodes perseguiu a Igreja que estava em Jerusalém, matando Tiago (irmão de João) e prendendo Pedro, que, por Deus, livrou-se da morte. Pedro caminhou da prisão até a casa de João Marcos, onde um grupo orava a seu favor. A partir do capítulo 13, começando nossa viagem no livro de Atos, Lucas muda o foco para o ministério de Paulo. Encarregados pela igreja em Antioquia a fazer uma viagem missionária (13.1-3), Paulo e Barnabé anunciando o evangelho em Chipre e no Sul da Galácia, obtendo grande sucesso. Mas a controvérsia entre judeus e gentios era acentuada. E com tantos gentios aceitando a Cristo o problema ameaçava dividir a igreja. Então foi realizado um Concílio em Jerusalém para definir a postura dos cristãos gentios em relação às leis do Antigo Testamento.

Depois de ouvir os judeus e gentios, Tiago (irmão de Jesus e líder da Igreja em Jerusalém) resolveu a questão e enviou mensageiros para informar a Igreja em outros lugares qual havia sido a decisão (At 15.1-31). Após o Concílio de Jerusalém, Paulo e Silas pregaram em Antioquia. Depois, partiram para a Síria e Cilícia, enquanto Barnabé e João Marcos navegaram para Chipre (15.35-41). Na segunda viagem missionária, Paulo e Silas viajaram para Macedônia e Acaia, estabelecendo igrejas em Filipos, Tessalônica, Bereia, Corinto e Éfeso antes de retornarem a Antioquia. Lucas também mencionou o ministério de Apolo.

Em sua terceira viagem missionária, Paulo viajou pela Galácia, Frigia, Macedônia e Acaia encorajando e ensinando os cristãos. Durante esse período, Paulo se sentiu compelido a ir a Jerusalém. Embora tivesse sido advertido por Ágabo e outro sobre sua prisão iminente (21.10-12), continuou sua viagem naquela direção. Em Jerusalém, Paulo foi abordado no templo por uma multidão irada. Depois foi levado preso sob proteção e a custódia de um comandante romano, Paulo tornou-se um prisioneiro e esteve perante o tribunal do alto conselho judaico diante do governador Félix, de Festo e de Agripa. Em cada caso, Paulo deu um testemunho forte e claro a respeito de seu Senhor. Por ter apelado para César, Paulo foi enviado a Roma, para uma audiência final em seu julgamento.

Mas a caminho de lá, o navio em que viajava foi destruído durante uma tempestade e os marinheiros e prisioneiros tiveram que nadar até a praia. Mesmo sob essa circunstância. Paulo compartilhou sua fé (27.1-28). Finalmente a viagem continuou e o apóstolo chegou à Roma, onde permaneceu em prisão domiciliar enquanto aguardava o julgamento. O escritor Lucas termina o livro de Atos, porém de modo encorajador, revelando que Paulo, em seu cativeiro, tinha liberdade para receber visitas e conversar com os guardas, e que ali vivia pregando o Reino de Deus e ensinando com toda a liberdade as coisas pertencentes ao Senhor Jesus Cristo, sem impedimento algum (28.31).

A igreja separou Barnabé e Saulo para a obra que Deus tinha para eles. Separar significa apartar para um propósito especial. Nós também devemos separar nossos pastores, missionários e obreiros cristãos para sua tarefas. Também podemos usar nosso tempo, dinheiro e talentos para a obra de Deus. Pergunte a Deus o que Ele quer que você separe para Ele. Esse foi o início da primeira viagem missionária de Paulo. A igreja estava envolvida no envio de Paulo e Barnabé, mas o plano era de Deus. Por que Paulo e Barnabé foram a tais lugares? Por que o Espírito Santo os dirigiu? Eles seguiram pelas estradas do Império Romano, o que tornou a viagem mais fácil. Visitaram populações e centros culturais importantes, a fim de alcançarem tantas pessoas quanto fosse possível. Foram a cidades que possuíam sinagogas, falaram primeiro aos judeus, com a esperança de que estes recebessem a Jesus como o Messias e ajudassem a divulgar as Boas Novas aos demais povos. Localizadas no mar Mediterrâneo, a ilha de Chipre, com uma grande população judaica, era o lar de Barnabé. A primeira parada dos apóstolos foi em território familiar.

Os líderes da igreja de Antioquia escolheram Paulo e Barnabé para anunciarem o evangelho no Oeste. Com João Marcos, embarcaram em um navio na Selêucia e cruzaram o mar Mediterrâneo em direção a Chipre. Pregaram em Salamina, a maior cidade da ilha, e atravessaram a ilha em direção a Pafos.

Todo grupo precisa de uma encorajador, porque todos precisamos ser animados de vez em quando. Porém, o valor do encorajamento é frequentemente ignorado, porque tende a ser mais particular do que público. De fato, as pessoas precisam mais de estímulo quando se sentem sozinhas. Um homem chamado José era tão encorajador que ganhou dos cristãos de Jerusalém o apelido de Barnabé, nome que significa filho da consolação.

Ele era dedicado às pessoas, encorajava e oferecia grande ajuda àqueles que estavam a sua volta. É maravilhoso perceber que, onde quer que estivesse, Barnabé tenha encorajado cristãos e os não-cristãos para se tornarem crentes! A contribuição de Barnabé foi crucial para a Igreja Primitiva. De certo modo, podemos agradecer a ele pela maior parte do Novo Testamento.

III

OBRIGADO A CUMPRIR O IDE DE NOSSO CHAMADO

"Temos aprendido a voar como pássaros, nadar como peixes, mas ainda não aprendemos a sensível arte de viver como irmãos"

Martin Luther King, SI 133

Deus usou o relacionamento de Barnabé com Paulo e com João Marcos para que que estes dois homens seguissem adiante, uma vez que qualquer um deles poderia fracassar. Barnabé fez maravilhas com o encorajamento. Quando Paulo chegou a Jerusalém pela primeira vez depois de sua conversão, os cristãos locais mostraram-se relutantes em aceitá-lo. Pensavam que a história dele fosse um truque para capturar mais cristãos. Somente Barnabé se mostrou disposto a arriscar sua vida a fim de encontrar-se com Paulo e convencer os outros cristãos de que seu antigo inimigo era agora um crente fervoroso em Jesus.

Podemos imaginar o que poderia ter acontecido com Paulo se não tivesse tido o apoio de Barnabé. Também foi este que encorajou Marcos a viajar com ele e com Paulo para a Antioquia. Marcos se uniu a eles em sua primeira viagem missionária, mas durante o percurso decidiu retornar para casa. Mais tarde, Barnabé quis convidar Marcos para acompanhá-los em outra viagem, porém Paulo não concordou. Como resultado, houve uma separação. Barnabé seguiu com Marcos; Paulo, com Silas. Isso realmente duplicou o esforço missionário. O encorajamento paciente de

Barnabé foi confirmado pelo ministério efetivo de Marcos. Paulo e Marcos mais tarde se uniram novamente em esforços missionários. Como mostra a vida de Barnabé, frequentemente nos deparamos com situações onde existe alguém que precisa de encorajamento. Nossa propensão, porém, é criticar em vez de ajudar. Às vezes, é importante destacar as falhas de alguém. No entanto, antes de termos o direito de fazer isso, devemos obter a confiança da pessoa, por meio do encorajamento.

Você aproveitara cada oportunidade para encorajar aqueles com quem tem contato hoje? Barnabé foi um dos primeiros a vender suas posses para ajudar os cristão em Jerusalém, foi o primeiro a viajar com Paulo, formando um grupo de missionários, era um encorajador, como mostra seu apelido. Deste modo, tornou-se uma das pessoas mais influentes do início do cristianismo, foi chamado de apóstolo embora não fosse um dos doze originais.

Como Pedro, foi temporariamente indiferente aos cristãos gentios, até que Paulo corrigisse a visão dele. O encorajamento e um dos meios mais efetivos de ajudar, mais cedo ou mais tarde, a verdadeira obediência a Deus envolverá riscos, existem sempre alguém que precisa de encorajamento (Ats 11.22-24).

A Antioquia da Pisídia era uma importante rota e centro de comércio, com uma grande população de judeus. Quando foram a uma nova cidade testemunhar a respeito de Cristo, Paulo e Barnabé primeiro apareceram na sinagoga. Os judeus que lá estavam creram em Deus e passaram a estudar diligentemente as Escrituras. Porém, tragicamente muitos não aceitaram a Jesus como o Messias prometido, porque tinham uma ideia equivocada sobre o tipo de Messias que Ele seria. Jesus não era, como desejavam, um líder militar que destruiria o controle de Roma, e sim o Rei que veio como servo e derrotou o pecado no coração das pessoas, somente mais tarde, quando Cristo retornar, Ele julgara as nações do mundo. No ministério na Panfília e na Galácia, Paulo, Barnabé e João Marcos deixaram Pafos e foram para Perge, na úmida região da Panfília, um estreito pedaço de terra entre o mar e as montanhas Taurus. João Marcos os deixou em Perge, mas Paulo e Barnabé viajaram por uma estrada íngreme na mais alta elevação da Pisídia, na Galácia. Quando os judeus rejeitaram o evangelho, Paulo pregou aos gentios e os judeus obrigaram Paulo e Barnabé a saírem da cidade de Antioquia da Pisídia.

O que aconteceria em um culto na sinagoga? Primeiro era recitado o Shemá (o texto em Dt 6.4-9, uma passagem que os judeus repetiam várias vezes ao dia). Depois, oravam e faziam a leitura de um texto do Pentateuco (de Gênesis a Deuteronômio), de um texto dos Profetas, para ilustrar a lei, e havia um sermão. Aqueles que eram responsáveis pelo culto decidiam quem ministraria o culto e quem faria o sermão. A cada semana uma pessoa diferente era escolhida para pregar. Uma vez que era comum o líder da sinagoga convidar os mestres visitantes para ensinar, Paulo e Barnabé normalmente tinham a porta aberta quando visitavam uma sinagoga pela primeira vez. Mas assim que falavam sobre Jesus como o Messias, a porta se fechava.

Eles normalmente não eram convidados novamente pelos líderes religiosos e às vezes até eram expulsos das cidades. A mensagem de Paulo aos judeus na sinagoga de Antioquia começou com uma ênfase na aliança de Deus com Israel. Esse era um ponto de acordo, porque todos os judeus tinham orgulho de ser o povo escolhido de Deus. Então Paulo continuou a explicar como as Boas Novas representam o cumprimento da aliança. Mas, para alguns judeus, foi difícil aceitar essa mensagem. Por falar a judeus devotos, Paulo começou seu discurso lembrando-lhes da aliança de Deus com Abrão e Davi, e de outros temas familiares. Mais tarde, quando falou aos filósofos gregos em Atenas, Paulo começou fazendo um comentário sobre o que observou na cidade. Em ambos os casos, porém, o tema do apóstolo era Cristo; ele enfatizou a ressurreição. Ao compartilhar as Boas Novas, comece seu discurso pelo ponto em que seus ouvintes estão, e em seguida fale a respeito de Cristo.

Esse é o foco das Boas Novas, o perdão dos pecados e a libertação da culpa estão disponíveis a todas as pessoas, inclusive a você, por meio da fé em Cristo. Você recebeu este perdão! É renovado todos os dias pelo pensamento de que está agindo corretamente em relação a Deus!

Os líderes judeus indubitavelmente trouxeram à tona argumentos teológicos contra Paulo e Barnabé, mas Lucas nos contou qual era a verdadeira razão da hostilidade dos judeus, a inveja. Quando vemos outros alcançando o sucesso e não o alcançamos nem recebemos o reconhecimento que almejamos, é difícil nos regozijarmos com eles. A inveja é nossa reação natural. Mas como é trágico quando nossos sentimentos de inveja tentam nos impedir de fazer a obra de Deus. Se a obra é de Deus, regozije-se, não importa quem a esteja fazendo. Por que era necessário que as Boas Novas chegassem primeiro aos Judeus! Deus planejou que por intermédio da nação judaica todo o mundo viesse a conhecê-lo (Gn 12.3). Paulo, um judeu, amava seu povo (Rm 9. 1-5) e queria dar-lhe a oportunidade de unir-se a ele na proclamação da salvação de Deus. Infelizmente, muitos judeus não reconheceram a Jesus como o Messias e não entenderam que Deus oferecia a salvação a todos, judeus e gentios, que fossem a Ele por meio da fé em Cristo. Deus planejou que Israel fosse a luz (Is 49.6). De Israel nasceu Jesus, a luz das nações (Lc 2.32). Essa luz se expandiria e iluminaria os gentios.

Em vez de aceitar a verdade, os líderes judeus provocaram oposição e lançaram Paulo e Barnabé fora da cidade. Quando confrontadas por uma verdade perturbadora, as pessoas frequentemente se afastam e recusam-se a ouvir. Quando o Espírito Santo mostra que há necessidade de mudança em nossa vida, devemos ouvi-lo. Caso contrário, podemos afastar a verdade para tão longe, que esta não mais nos afetará. Frequentemente, os judeus sacudiam o pó de seus pés quando deixaram uma cidade gentílica em direção à sua terra. Esse ato representava a purificação dos judeus que se sentiam contaminados por estarem perto daqueles que não adoravam a Deus. O fato de Paulo e Barnabé sacudirem o pó de seus pés, ao saírem das cidades judaicas, em decorrência dos judeus terem rejeitado as Boas Novas, indicava que estes verdadeiramente não faziam parte do povo de Deus nem eram melhores e mais puros do que os pagãos. Paulo e Barnabé, expulsos da Antioquia da Pisídia, desceram as montanhas e foram para o leste, em direção à Licaônia. Foram primeiro a Icônio, um centro comercial na estrada entre a Ásia e a Síria. Depois de

pregarem ali, tiveram que fugir para Listra, que ficava aproximadamente a 40 Km ao sul. Paulo foi apedrejado em Listra, porém, com Barnabé, viajou aproximadamente 80 Km em direção a Derbe, uma cidade fronteiriça. Depois, Paulo e Barnabé voltaram corajosamente pelo mesmo caminho.

Jesus havia dito a seus discípulos que deveriam sacudir o pó de seus pés de qualquer cidade que não os aceitasse ou não os ouvisse (Mc 6.11). Os discípulos não seriam culpados se a mensagem fosse rejeitada, desde que a tivessem pregado fielmente. Quando compartilhamos a mensagem de Cristo cuidadosa e sensivelmente, Deus não nos considera responsáveis pela decisão de outras pessoas. Talvez algumas vezes desejamos ser capazes de ministrar um milagre que convença a todos, de uma vez por todas, de que Jesus é o Senhor. Mas vemos aqui que, mesmo que milagres fossem operados, não convenceríamos a todos. Deus deu aos apóstolos o poder de fazer grandes maravilhas como confirmação da mensagem da graça, mas as pessoas ainda duvidavam. Não desperdice seu tempo e energia desejando milagres. Plante as sementes das Boas Novas no melhor dos solos que encontrar, faça isso da melhor maneira que puder e deixe que o Espírito Santo convença as pessoas. De Antioquia da Pisídia, Paulo e Barnabé desceram as montanhas de volta à Panfília, na costa. Parando primeiro em Perge, onde haviam desembarcado, foram a Atália, no oeste, o principal porto de envio de mercadorias da Ásia para a Síria e o Egito. Lá embarcaram em um navio rumo a Selêucida, o porto de Antioquia da Síria.

Assim foi concluída a primeira viagem missionária. É útil ler o livro de Atos e ver como as igrejas de Antioquia e de Jerusalém resolveram seus conflitos internos, a Igreja em Antioquia enviou uma delegação a Jerusalém a fim de buscar uma solução em conjunto, os enviados encontraram-se com os líderes da igreja, relataram os fatos e marcaram uma outra data para continuar a discussão. Paulo e Barnabé deram seu parecer sobre a questão, Tiago resumiu os relatórios e formulou a deliberação, todos concordaram em acatar a decisão e o conselho enviou, com os delegados, uma carta a Igreja em Antioquia, informando-a sobre a resolução. É uma maneira sábia de tratar os conflitos que surgem na igreja. Os problemas devem ser confrontados e todas as partes envolvidas devem ser igualmente ouvidas. É importante que a discussão ocorra na presença de líderes espiritualmente maduros e fidedignos para que se possam tomar decisões sábias. Então todos devem acatar as decisões. Surgiu uma forte controvérsia quando alguns judeus começaram a ensinar que os cristãos gentios só poderiam ser salvos se fossem circuncidados. Paulo e Barnabé foram a Jerusalém para discutir esta situação com os líderes que lá estavam. Após a decisão tomada pelo Concílio em Jerusalém, Paulo e Barnabé retornaram a

51

Antioquia com o parecer. A vida dos primeiros missionários cristãos pode ser descrita por muitas palavras, mas monótona não é uma delas. Havia dias de grande excitação, quando homens e mulheres que nunca tinham ouvido falar de Jesus recebiam positivamente o evangelho. Existiam viagens perigosas por terra e mar. Os riscos de morte e de passar fome eram partes da rotina. E havia uma resistência aberta e hostil ao cristianismo em muitas cidades. Silas foi um dos primeiros missionários e, como tal, descobriu que servir a Jesus Cristo certamente não era monótono. O nome de Silas aparece em Atos, no final do primeiro Concílio da Igreja sobre a questão dos cristãos judeus e gentios. A maioria dos primeiros cristãos era formada por judeus que perceberam que Jesus era o cumprimento das promessas de Deus no Antigo Testamento. A aplicação universal de tais promessas, porém, havia sido ignorada. Deste modo, muitos imaginaram que se tornar judeu era uma condição prévia para ser um cristão. A ideia de que Deus aceitaria um gentio pagão era realmente incrível.

IV

NA LINHA DE FRENTE:

AJUDA-NOS!

Eu, porem, vos digo: Erguei os vossos olhos, e vede os campos!
Já estão brancos para a ceifa

João 4.35

Os gentios começaram a aceitar a Cristo como o Salvador e a transformação da vida deles e a presença do Espírito de Deus confirmaram a conversão. Mas alguns judeus ainda estavam relutantes e insistiam para que os povos cristãos gentios adotassem vários costumes judaicos. O assunto gerou uma grande disputa solucionada pacificamente no Concílio de Jerusalém. Silas foi um dos representantes de Jerusalém enviados com Paulo e Barnabé de volta a Antioquia com uma carta oficial de boas-vindas e aceitação dos cristãos gentios. Tendo cumprido essa missão, Silas retornou a Jerusalém. Dentro de pouco tempo, porém, voltou a Antioquia a pedido de Paulo para se unir a ele em sua segunda viagem missionária.

Paulo, Silas e Timóteo começaram um ministério de longo alcance, que incluía algumas aventuras excitantes. Paulo e Silas passaram uma noite cantando em prisão de Filipos depois de serem severamente espancados. Houve um terremoto e as correntes que os prendiam se romperam. O pânico resultante levou à conversão do carcereiro. Mais tarde, Paulo e Silas escaparam por pouco de outro espancamento em Tessalônica, evitando por uma fuga noturna. Em

Bereia, Paulo, Silas e Timóteo encontra-ram muitas dificuldades, mas os dois últimos ficaram para ensinar os novos convertidos, enquanto Paulo viajou para Atenas. O grupo dos três discípulos finalmente se reuniu em Corinto. Em cada lugar que visitavam, deixavam um pequeno grupo de cristãos. Silas deixou a história bíblica de uma maneira tão repentina quanto entrou. Pedro o mencionou como co-autor de sua primeira epístola, mas não sabemos quando Silas se uniu àqueles apóstolo. Silas era um crente efetivo antes de deixar Jerusalém, e indubitavelmente continuou a ministrar depois da conclusão de seu trabalho com Paulo. Silas aproveitou as oportunidades para servir a Deus e não foi desencorajado pelos revezes e pela oposição que encontrou no caminho.

Embora não tenha sido o mais famoso dos primeiros missionários, certamente Silas é um exemplo a ser seguido pelos cristãos. Silas foi um líder da Igreja em Jerusalém, representou a Igreja ao levar à Antioquia a carta de aceitação dos cristãos gentios, preparada pelo concílio de Jerusalém e esteve muito próximo a Paulo a partir da segunda viagem missionária, também cantou louvores a Deus enquanto estava na prisão com Paulo, em Filipos, e trabalhou como copista tanto para Paulo como para Pedro. A parceria é uma parte significativa do ministério, Deus nunca garante que seus servos não sofrerão, obedecer a Deus frequentemente significa desistir daquilo que nos faz sentir seguros. Não sabemos como o Espírito Santo falou a Paulo que ele e seus companheiros não deveriam ir à Ásia. Pode ter sido por intermédio de um profeta, uma visão, uma convicção interior ou alguma circunstância. Conhecer a vontade de Deus não significa que devamos ouvir literalmente a sua voz. Ele nos orienta de várias maneiras. Então, quando você busca a vontade de Deus, tenha certeza de que seu plano está em harmonia com a Palavra dEle, peça conselhos aos cristãos mais experientes, confira suas motivações, a fim de verificar se você está tentando fazer a sua vontade ou a de Deus e ore para Ele abrir e fechar as portas, como convém.

57

O Espirito de Jesus é o Espirito Santo. Por duas vezes, Ele fechou a porta para Paulo. Por isso o apóstolo reconsiderou em que direção deveria ir para divulgar as Boas Novas. Então, em uma visão (Atos 16.9), Paulo recebeu uma direção definida e, com toda a obediência, viajou com seus companheiros para a Macedônia. O Espírito Santo nos dirige aos lugares corretos, mas também nos desvia dos errados. Ao buscarmos a vontade de Deus, é importante saber o que Ele deseja que façamos e para onde quer que sigamos, é igualmente importante saber o que Deus não quer que façamos e para onde Ele quer que sigamos. O uso do pronome nos indica que Lucas, o autor de Atos e do Evangelho que tem o seu nome, uniu-se a Paulo, Silas e Timóteo nessa viagem. Lucas foi uma testemunha ocular da maioria dos acontecimentos relatados a partir deste versículo. Filipos era uma importante cidade da Macedônia (Região Norte da Grécia atual). Paulo fundou uma igreja durante sua visita à cidade (50-51 d.c). Mais tarde, escreveu uma carta aos Filipenses, provavelmente de uma prisão em Roma (61 d.c). A epístola era pessoal e terna, demonstrava o amor profundo e a amizade de Paulo para com os cristãos que lá viviam. Nela, o apóstolo agradeceu pela oferta que haviam enviado, avisou-os sobre uma visita que Timóteo e Epafrodito lhes fariam, exortou a igreja local a resolver qualquer problema de desunião e encorajou os cristãos a não cederem à perseguição.

Paulo viaja para a Macedônia. Em Trôade, Paulo recebeu o chamado para ir à Macedônia (At 16.9). Ele, Silas, Timóteo e Lucas embarcaram em um navio. Foram para a ilha de Samotrácia, depois seguiram para Neápolis, o porto de Filipos, cidade que ficava na

Via Egnatia, a principal estrada, que ligava as províncias do leste à Itália. Nos arcos do lado de fora da cidade de Filipos havia uma proibição por escrito sobre pregar uma religião não reconhecida pela cidade, por isso as reuniões de oração ocorreram fora da cidade, ao lado do rio.

Depois de seguir a liderança do Espírito Santo rumo à Macedônia, Paulo fez seu primeiro contato evangelístico como um pequeno grupo de mulheres. Ele nunca permitiu que barreiras sociais ou culturais impedissem-no de anunciar as Boas Novas. Ele pregou para aquelas mulheres, e Lídia, uma comerciante influente, creu em Jesus. Isso abriu o caminho para o ministério naquela região. Deus frequentemente trabalha nas mulheres e por intermédio delas desde o início da igreja. Lídia era uma comerciante de tecidos de púrpura. Provavelmente rica, pois tais tecidos eram caros, usados como um sinal de nobreza ou realeza. O escritor destacou as histórias de três indivíduos que se tornaram cristãos por influência do ministério missionário de Paulo em Filipos. Lídia, a influente comerciante (At 16.14), a escrava possessa por demônios (16.16-18) e um carcereiro (16.27-30). As Boas Novas alcançaram todas as classes sociais, da mesma maneira que ocorre hoje, por que a família de

Lídia foi batizada depois que ela respondeu com fé às Boas Novas? Porque o batismo era uma sinal público da identificação da pessoa com Cristo e com a comunidade cristã. Talvez nem todos os parentes de Lídia tenham escolhido seguir a Cristo, porém a família dela tornou-se cristã. A habilidade de adivinhar dessa moça vinha dos espíritos malignos que a possuíam. A adivinhação era uma prática comum nas culturas grega e romana. Havia muitos métodos pelos quais as pessoas tentavam predizer eventos futuros, interpretar fenômenos da natureza e comunicar-se com os mortos. A jovem escrava estava possessa por um espírito maligno, ela enriquecia seus senhores interpretando sinais e lendo a sorte das pessoas. Eles exploravam a infeliz condição da jovem para obter lucros pessoais.

O que a jovem disse sobre Paulo era verdade, embora a informação procedesse de um demônio. Por que o apóstolo se sentiu incomodado por um espirito maligno anunciar a verdade a seu respeito? Se Paulo aceitasse o testemunho do demônio estaria ligando a pregação das Boas Novas a atividades relacionadas aos demônios. Isso traria grandes prejuízos à mensagem a respeito de Cristo. A luz e as trevas não se misturam.

Paulo e Silas foram despidos, chicoteados e presos em um cárcere da mais alta segurança. Apesar desta deplorável situação, eles louvaram a Deus, oravam e cantavam durante esta provação e os outros prisioneiros ouviam. Não importa qual seja a nossa situação, devemos louvar a Deus. Outros podem ir a Cristo por meio de nosso exemplo. Os troncos aqui descritos eram duas tábuas unidas com braçadeiras de ferro, com orifícios de tamanho suficiente para os tornozelos. As pernas dos prisioneiros eram colocadas nos orifícios da tábua mais baixa, de forma que a tábua superior ficasse sobre elas. Às vezes os pulsos e os tornozelos eram presos ao tronco. Paulo e Silas, que não cometeram crime algum e eram

homens pacíficos, foram presos no tronco projetado para prender os prisioneiros mais perigosos, o carcereiro puxou sua espada para se matar. Naquela época, os carcereiros eram responsáveis pelos prisioneiros, se estes fugissem, eles eram considerados culpados e castigados com a morte. A reputação de Paulo e Silas em Filipos era bem conhecida. Quando o carcereiro percebeu sua condição e necessidade, arriscou tudo para encontrar a salvação. As Boas Novas da Salvação são expressas de modo simples: crê no Senhor Jesus Cristo e serás salvo tu e a tua casa. Quando reconhecemos Jesus como o Senhor e confiamos a Ele toda a nossa vida, a salvação nos é assegurada. Se você nunca confiou em Jesus para salvá-lo, faça-o depressa! Sua vida pode tornar-se repleta de alegria, como aconteceu ao carcereiro (At 16.34). Paulo e Silas consideravam a família com muita seriedade. Por essa razão, a oferta da salvação foi feita a todo o lar do carcereiro, aos servos e familiares dele. Ainda assim, não foi a fé do carcereiro que salvou a todos, cada um precisava ter a fé em Jesus, crer da mesma maneira que o carcereiro creu. A família inteira dele creu e foi salva. Peça a Deus que use você para apresentar Jesus à sua família e que ela venha a crer nEle. Lucas ficou em Filipos, enquanto Paulo, Silas e Timóteo continuaram a viagem pela via Egnatia em direção a Antípolis, Apolônia e Tessalônica, e eles fugiram para Beréia. Quando seus inimigos de Tessalônica os perseguiram, Paulo navegou para Atenas, deixando Silas e Timóteo, a fim de encorajar os cristãos.

V

MODELO DE APOIO

FINANCEIRO

Assim ordenou também o Senhor aos que anunciam o
evangelho, que vivam do evangelho

1 Coríntios 9:14

Existem três modos de nos envolvermos com a obra de missões: primeiro, indo ao campo missionário; segundo, orando por aqueles que estão no campo; terceiro, sustentando o obreiro financeiramente. Todo o crente precisa, desde cedo, compreender o que a Bíblia ensina sobre a mordomia. Nós somos mordomos de Deus, ou seja, administradores de seus bens. Tudo o que existe no mundo pertence a Ele: "Do Senhor é a terra e a sua plenitude, o mundo e aqueles que nele habitam" (Sl 24.1). Deste modo, o corpo, a mente, o tempo, os talentos, os serviços, o dinheiro, as propriedades – tudo pertence a Deus. Quando nos dispomos a cooperar financeiramente com a sua obra, estamos simplesmente devolvendo-lhe parte do que dEle recebemos. Deus recebe a oferta que oferecemos aos missionários, e se compromete nos abençoar e a suprir todas as nossas necessidades. As missões são sustentadas exclusivamente com as nossas contribuições. Se não contribuirmos, o Reino de Deus sofrerá.

A Bíblia nos ensina que aqueles que com sinceridade se dedicam à proclamação da Palavra de Deus devem ser sustentados. Pelo que, desse trabalho, recebem bênçãos espirituais: "O que é instruído na palavra reparta de todos os seus bens com aquele que o instrui" (Gl 6.6). Exemplos:

1) "Não atarás a boca ao boi, quando trilhar" (Dt 25.4).

2) "Digno é o operário do seu alimento" (Mt 10.10).

3) "Digno é o obreiro do seu salário" (Lc 10.7).

4) "Não ligarás a boca ao boi que debulha. E: Digno é o obreiro do seu salário" (1Tm 5.18).

Os missionários e os obreiros em geral são sustentados financeiramente pela igreja. A fonte ou origem desses recursos é a própria igreja. Foi Deus quem estabeleceu que o crente contribuísse para que o seu povo tenha os recursos suficientes para a expansão do evangelho e a manutenção da obra do Senhor.

Dízimos e Ofertas

➤ Dízimos. O dízimo é a décima parte da renda de uma pessoa. À luz de 1 Co 16.2 é a contribuição financeira mínima que o crente deve oferecer para a obra de Deus. Já existia antes da lei (Gn 14.20; 28.22); instituído por Moisés na lei (Lv 27.30; Dt 14.22). O povo devia levar para os levitas e sacerdotes, pois não tiveram possessão da terra (Nm 18.21-24; Hb 7.5), para que haja mantimento na Casa de Deus (Ml 3.10). Eles, por sua vez, pagavam deles os dízimos dos dízimos (Nm 18.26). O Senhor Jesus manteve os dízimos na Nova Aliança (Mt 23.23).

➤ Ofertas alçadas. Além dos dízimos havia também as ofertas alçadas para fins específicos, como na construção do tabernáculo, no deserto (Êx 25.2). Convém lembrar que oferta alçada não é o mesmo que dízimo (Ml 3.10). Ambos são bíblicos e atuais, mas são diferentes. As ofertas alçadas são esporádicas, principalmente para construção de templos. Os dízimos são contínuos. O culto ao Deus verdadeiro, conforme encontramos em toda a Bíblia, constitui-se dos elementos: oração,

67

leitura das Escrituras, pregação ou testemunho, cânticos e ofertas.

Os métodos de Deus. Para a construção do tabernáculo Moisés precisava dessas ofertas alçadas, de um povo pobre que vivia pela misericórdia de Deus, do maná. Davi, para construir o templo de Jerusalém, deu uma oferta de cento e cinco toneladas de ouro, sem contar a prata (1 Cr 29.3,4), considerando-se um talento equivalente a 35 quilos segundo as tabelas de conversões de pesos e medidas. O rei Davi, no entanto, fez um apelo para quem quisesse contribuir para a Casa de Deus (1 Cr 29.5). Nos versículos seguintes ficamos sabendo que o povo contribuiu voluntariamente e com alegria.

Deus quer que seus filhos participem dos projetos divinos. Moisés não dispunha de recursos para a construção do tabernáculo e por isso levantou do povo uma oferta alçada. Entretanto, o rei Davi já dispunha dos recursos para a construção do Templo de Jerusalém. Por que convidou ele o povo para ofertar? O método de Deus, porém, é diferente do nosso. A vontade de Deus é que seus filhos participem de seus projetos. Aqui já não é questão de necessidade. Deus é dono do céu e da terra (Gn 14.19; Sl 24.1), do ouro e da prata (Ag 2.8), mas Ele conta com nossa participação. Deus abençoa o povo para que seus filhos possam contribuir para a sua obra.

Bases Bíblicas para o Sustento do Missionário

A igreja de Corinto não era generosa. Os irmãos da igreja de Corinto eram insensíveis às necessidades do apóstolo. Outras igrejas sustentaram Paulo para que o mesmo pudesse servir aos coríntios (2 Co 11.8). Depois que o apóstolo deixou a cidade, apresentou a sua defesa. Partindo de um racio-cínio lógico, "quem jamais milita à sua própria custa?" (v.7), ele busca no sistema sacerdotal, estabelecido na lei de Moisés, o argumento para fundamentar essa verdade (1 Co 9.9,10) e também nas palavras do próprio Senhor Jesus (1 Co 9.14). Essa é uma referência a Mt 10.10; Lc 10.7, como ele deixa mais claro em outro lugar (1 Tm 5.17,18).

➤ Fazedores de tendas. Na cultura judaica era comum os pais ensinarem aos filhos uma profissão alternativa. A de Paulo era a de fazer tendas (At 18.3). Utilizou-se dela para levantar seu sustento, pois temia escandalizar os irmãos e não queria correr o risco de ser interpretado como aventureiro em Corinto. Hoje, "fazedores de tendas" é o nome que se dá aos profissionais liberais que são enviados como voluntários para prestarem serviços sociais às populações carentes nos países onde ser cristão ainda é crime. É um recurso usado para colocar legalmente um missionário num país desses; do contrário, ele nunca poderia ser aceito.

➤ A igreja de Filipos era generosa. A igreja de Corinto não era como a dos filipenses (Fp 4.15-19). Nenhuma igreja se preocupou com as necessidades do apóstolo, exceto a igreja de Filipos. Enviava oferta na hora em que ele mais precisava. Paulo agradecia essas ofertas a Deus "como cheiro de suavidade e aprazível a Deus" (Fp 4.16,18). É dessa mesma maneira que ainda hoje Deus recebe a oferta que você oferece para o sustento missionário. Além disso você tem a garantia de que o Senhor suprirá todas as suas necessidades (4.19).

Como Apoiar os Missionários

O papel da igreja. São os crentes que apoiam os missionários com suas contribuições, através da secretaria ou departamento de missões da igreja. A igreja ora, intercedendo por eles e acompanha o seu trabalho através de relatórios escritos e também por meio de testemunhos de outros que visitam o missionário no campo. Esses responsáveis pelo sustento e pelo apoio espiritual devem entender também que fora do seu convívio a situação é muito diferente. Se não houver essa confiança, corre o risco de o trabalho no campo ficar travado.

Apoio aos missionários. O sustento missionário inclui alimento, vestuário, moradia, educação e saúde dele e da esposa e filhos. É necessário um estudo sobre o padrão de vida do país para onde vai ser enviado o missionário, a fim de que a igreja possa enviar o suficiente para o sustento dele.

71

Nem sempre as igrejas têm acesso a essas informações, por isso existem inúmeras agências missionárias interdenominacionais, espalhadas no Brasil e em todo o mundo, com o propósito de orientar as igrejas.

Nossos dízimos e ofertas são uma maneira de reconhecermos a soberania de Deus em nossa vida. A vontade de Deus é a salvação dos perdidos da terra (1 Tm 2.4). Para que essa meta seja alcançada, Deus conta com cada um de seus filhos, com todos os seus dons e talentos. O nosso apoio aos missionários deve ser a oração, contribuição através da igreja ou de sua secretaria ou departamento de missões, contato com eles por carta, telefone, *internet* etc.

A segunda forma pela qual a Bíblia nos ensina a ministrarmos uns aos outros é na área das finanças. Para os nossos propósitos, isso incluirá não somente o dinheiro, mas também outras coisas materiais e serviços práticos.

Vejamos como a Igreja Primitiva agia para desenvolver um método para levantar apoio financeiro para os seus membros. Alguns princípios bíblicos que se apliquem à nossa época e contexto social. Começaremos com a recém-fundada Igreja de Jerusalém "Todos os crentes ficavam juntos e compartilhavam tudo uns com os outros. Vendiam o que possuíam e davam o dinheiro a todos os que estavam especialmente necessitados. Não havia sequer uma pessoa necessitada no meio deles. Os que possuíam casas ou terras vendiam-nas e traziam o dinheiro aos apóstolos para que o repartissem justamente com os necessitados" (AT2.44,45, 4:34,35).

O que fazemos com o nosso dinheiro (e como o fazemos) geralmente revela o que está em nossos corações, para o bem ou para o mal. Deus protegeu a Igreja de Jerusalém dos espíritos malignos do orgulhos e do engano e mentira, de uma forma realmente notável. Eis o que aconteceu: "José, a quem os apóstolo chamavam de Barnabé (filho da consolação), era levita, natural de Chipre. Ele vendeu uma propriedade e trouxe o dinheiro aos apóstolos para ser dado aos necessitados.

"Havia um homem e sua esposa, chamados Ananias e Safira, que também venderam umas terras. Contudo, mantiveram uma parte do preço, mas agiram como se estivessem trazendo o valor total aos apóstolos.

"Pedro, vendo o interior de seus corações, disse diretamente: Ananias... por que mentisse ao Espírito Santo?...As terras e o dinheiro eram teus e podias fazer com eles o que quisesses. Não mentiste a nós, mas a Deus.

74

Ao ouvir isto, Ananias caiu ao chão e morreu!" (AT 4.36-5.11). Em seguida, como vocês se lembram, o mesmo fim trágico aconteceu com a Safira, sua esposa. Vários pontos ou princípios importantes práticos podem ser vistos claramente nesta história sobre o modelo de apoio financeiro da Igreja do Novo Testamento.

Os membros que tivessem vivido uma vida de auxílio aos outros, e que estivessem necessitados, seriam ajudados. Paulo estabeleceu princípios práticos para o apoio financeiro aos membros da Igreja. Por exemplo, ele achava que deveríamos ser responsáveis pelas viúvas: "Honra as viúvas que verdadeiramente são viúvas" (1 Tm 5.3). Para ser ajudada, a pessoa tinha que ser idosa ou fraca e estar incapacitada para trabalhar e se sustentar. "Nunca seja inscrita viúva com menos de sessenta amos..." (1 Tm 5.9).Trabalhe se você puder.

Aqueles que estiverem física e mentalmente aptos para trabalharem, devem fazê-lo. Eles não serão sustentados pela Igreja. "... quando ainda estávamos convosco, vos mandamos isto, que se alguém não quiser trabalhar, não coma também."

"Porquanto ouvimos que alguns entre vós andam desordenadamente... A esses tais, porém, mandamos exortamos por nosso Senhor Jesus Cristo que, trabalhando com sossego, comam o seu próprio pão" (2 Tes 3.10-12). Os familiares devem se responsabilizar pelos parentes que sejam muito idosas ou fracos para trabalhar. Mas, se alguma viúva tiver filhos, ou netos, aprendam primeiro a exercer piedade para com a sua própria família, e a recompensar seus pais, porque isto é bom e agradável diante de Deus," Mas se alguém não tem cuidado dos seus, e principalmente dos da sua família, negou a fé e é pior do que o infiel" (Tm 5.4,8). Os líderes de igreja devem ensinar isso e pedir que as famílias assumam, prazeirosamente, a responsabilidade pelos seus próprios familiares. Àqueles a quem for concedida ajuda financeira, devem ser merecedores da mesma. "Nunca seja inscrita viúva com menos de sessenta anos... se exercitou hospitalidades, se lavou os pés aos santos, se socorreu os aflitos, se praticou toda a boa obra." (Tm 5.9-10). O exemplo da Igreja em Jerusalém. Muitos crentes eram de outras cidades e haviam vindo a Jerusalém para a Festa de Pentecostes (At 2.5-12). Após confessarem Cristo como seu Salvador-Messias, eram batizados na água, batizados no Espírito Santo e uniam-se à comunidade cristã em Jerusalém. Em seguida, submetiam-se fielmente aos ensinamentos dos apóstolos e trabalhavam dentro daquela crescente comunidade.

Eventualmente, o dinheiro de muitos se acabava. Teriam que ter partido se a igreja não tivesse suprido as suas necessidades. Da forma pela qual estavam organizados, essas necessidades eram prontamente relatadas à comunidade cristã. Isso provavelmente acontecia no contexto dos grupos familiares, onde todos eram bem conhecidos. Os laços de amor dentro da família de Deus eram tão fortes que muitos eram levados a venderem o que possuíam.

O dinheiro recebido era tão doado aos apóstolos e líderes para serem distribuídos de forma justa aos necessitados. Ninguém era forçado a dar, não havia pressão sendo feita sobre o povo para venderem o que possuíam. Eles correspondiam a necessidades conhecidas, dando o que tinham, livremente e com alegria, aos que tinham nada. Isso eles faziam sob a supervisão de seus líderes. Assim sendo, tudo era feito de uma maneira justa e ordenada. O pecado de Ananias e Safira não foi o fato de haverem retido parte do dinheiro que receberam proveniente da venda de suas terras, caso quisessem. Os apóstolos não teriam ficado irados se eles tivessem guardado todo o dinheiro. Até mesmo Deus não teria ficado irado se este tivesse sido o caso. Na verdade, muitos não venderam tudo o que possuíam, ou não teria havido mais nenhuma casa onde pudessem ter reuniões.

Não! O pecado de Ananias e de sua esposa foi que eles mentiram sobre o dinheiro que deram. Eles fingiram e agiram como se estivessem dando tudo a Deus, quando de fato não estavam. Talvez pensassem que a sua doação lhes traria um grande privilégio aos olhos dos apóstolos e do povo. A questão é que não era necessário eles darem e não era necessário mentirem. Ainda assim teriam sido amados e aceitos pela comunidade se os seus corações estivessem

77

corretos diante de Deus. Direção honesta era um dever! A Igreja Primitiva era dotada de líderes corretos, homens honestos e de bom caráter. Os apóstolos haviam sido treinados pelo próprio Senhor Jesus. Contudo, houve um homem do grupo deles que foi vencido pelo diabo porque era desonesto e ganancioso. No final ele perdeu sua vida de forma trágica. Ele não somente vendeu a si próprio a Satanás, mas também a seu Senhor aos que o crucificaram. O seu nome era Judas. Como deveria ser isto uma grande admoestação a todo o povo de Deus de todas as épocas!

Talvez esta tenha sido a razão pela qual Pedro lidou de forma tão severa com Ananias e Safira. Ele discerniu que o mesmo espírito que havia impulsionado e movido a Judas estava tentando infiltrar-se na comunidade cristã de Jerusalém. O próprio Espírito Santo moveu-se rapidamente para desarraigar este mal antes que pudesse espalhar-se por toda a comunidade. Todos observaram o ocorrido, pois "um grande e santo temor veio sobre toda a igreja" (At 5:11). A política financeira, agora podemos compreender o motivo pelo qual os apóstolos eram tão cuidadosos em certificarem-se de que as finanças estavam sendo manipuladas de forma justa e honesta. Era um dever muito sério que tinham diante do Senhor. Baseado no registro de Atos, descobrimos que eles prepararam um plano ou política financeira com muito cuidado e sabedoria e que é, portanto, algo digno de exposição deste assunto.

Os que eram honestos e cheios com o Espírito eram homens sábios e honestos, com um caráter e conduta conhecidos pela comunidade. Não era intrusos desconhecidos e sim servos fiéis da comunidade. Suas vidas diárias e seus afazeres familiares e pessoais provavam que poderiam ser dignos de confiança. A ajuda às pessoas vinha primeiro, quando surgiam necessidades pessoais, a comunidade era informada ou comunicada a respeito.

Não havia nenhuma pressão ou desonestidade nos apelos que eram feitos pelos líderes. As pessoas sabiam das necessidades e de como o dinheiro seria usado. Assim sendo, davam com liberdade e alegria. Não eram ameaçadas com a punição de Deus, nem subornadas com as bênçãos de Deus. Em outras palavras, não faziam doações motivadas pelo temor do que Deus faria caso não doassem. Tampouco ofertavam com a ideia de que Deus sempre as recompensaria com grandes lucros financeiros. Davam simplesmente porque o amor de Deus as impulsionava a ajudarem seus irmãos e irmãs em Cristo. Diferente pessoas, portanto, davam à medida em que o Espírito Santo as orientava. De acordo com as necessidades de cada um. Os líderes distribuíam os fundos "de acordo com a necessidade de cada um". O sistema de apoio da Igreja de Jerusalém foi instituído para suprir as verdadeiras necessidades do povo, nada mais e nada menos. Todos recebiam o seu justo quinhão. Isto era possível porque as pessoas necessitadas eram conhecidas de fato pelos participantes de seus grupos familiares.

Qualquer um que fosse preguiçoso e que não quisesse trabalhar ou servir na comunidade recebia muito pouco em termos de ajuda financeira. As pessoas egoístas e tolas e que acumulavam grandes dívidas não podiam esperar que a igreja as saldasse. Há uma disciplina ou ordem divina que Deus quer que sigamos em nossas finanças. Sempre que contraímos dívidas, subjugamo-nos a uma escravidão que atrapalha a nossa liberdade de servimos ao Senhor. Para os que estão enfrentando problemas financeiros, uma regra muito simples de ser seguida é a seguinte: "Se você não precisa, não adquira. Se você não tem recursos, não faça!" Ficamos afundados em dívidas, isso não somente limita o nosso serviço para Deus, mas também destrói o nosso testemunho ao mundo. Um sinal de maturidade espiritual é uso sábio do nosso dinheiro. A política financeira da Igreja Primitiva também evitava um outro problema: O chamado cuidado com o Ministro auto-designado. O ministro auto-designado que acha que os santos lhe devem o seu sustento. Algumas pessoas saem para a obra de Deus sem nunca terem sido enviados por um grupo responsável. Entram em cena e informam à comunidade local que foram enviadas por um grupo responsável. Não se encontram sob a autoridade de ninguém, porém desejam o respeito de todos e dinheiro. Paulo cita esse tipo de ministro em suas epístolas e alerta o povo com relação a eles.

Esse problema ainda existe. Precisamos estar cientes disto

> **Parcerias:**
> *A chave para o êxito dos modelos de apoio. Já vimos que a Igreja Primitiva tinha um modelo de apoio emocional que colocava a liderança em contato com o povo. Desta parceria desenvolvia-se um modelo de apoio financeiro.*

81

para não sermos enganados. Verdadeiramente há segurança e sabedoria nas diretrizes dadas por Deus referentes às finanças da igreja.

Não somente as necessidades emocionais das pessoas deviam ser supridas dentro da comunidade cristã, mas também as necessidades físicas e financeiras. Devido ao fato de que os líderes consagrados a Deus e os seus membros conheciam uns aos outros no senhor, uma política financeira sábia e justa era formada. O Senhor enviava a Sua bênção, e não havia sequer uma pessoa necessitada no meio deles.

VI

MODELO EFICAZ DE ORAÇÃO INTERCESSÓRIA

Aquele que leva a preciosa semente, andando e chorando, voltará, sem dúvida, com alegria, trazendo consigo o seus molhos.

Salmos 126:4

Entendendo a eficaz da oração intercessória! Nem toda oração é igual. A eclosão do grande movimento fez vir à tona algumas verdades sobre a oração que estão produzindo uma mais clara compreensão a respeito. Para exemplificar, a oração. Algumas orações são embotadas e enfadonhas, uma mera rotina desde o começo até ao fim. Mas há orações que são excitantes, e excitantes por serem eficazes. Que dizem as Escrituras a respeito de oração eficaz? Uma das mais citadas passagens da Bíblia, acerca da oração, é aquela de Tiago 5.16, que diz: "A oração feita por um justo pode muito em seus efeitos." Alguns crentes tratam essa passagem bíblica de maneira casual, como se ela dissesse que toda oração é igualmente eficaz. Porém, um exame mais detido mostrará que somente certo tipo de oração, oferecida por certo tipo de pessoa, tem grande valor. Ora, se alguma oração é eficaz, segue-se que alguma oração também é ineficaz. Como podemos distinguir entre a oração eficaz e a oração ineficaz? O trecho de Tiago 5.16,17 responde a essa pergunta usando Elias como exemplo de oração eficaz. Quando Elias orou para que não chovesse, não choveu por três anos e meio. E quando ele orou para que voltasse a chover, choveu. A oração eficaz é a oração que é respondida. Naturalmente, algumas vezes as respostas às nossas orações não são tão óbvias quanto de outras vezes.

Muitas variedades de oração são usadas, todas as quais, ou nenhuma das quais, podem mostrar-se eficazes. Certa ocasião perscrutei cuidadosamente o livro de Atos e ali achei vinte e três instâncias de oração. Dependendo de como as queiramos reunir em blocos, várias formas de oração foram modeladas para nós naquele livro bíblico. Encontramos orações coletivas, orações em grupos e orações individuais. Temos também ali orações intercessórias e orações de petição. Temos orações pedindo cura física, orações pedindo perdão, orações de louvores e orações de ação de graças. A oração é usada para comissionar pessoas para o ministério e há também orações que rogam que pessoas sejam cheias do Espírito Santo. Algumas orações são de uma só via; outras, de duas vias.

Como poderíamos ter a certeza de que qualquer tipo de oração que cheguemos a usar é uma oração eficaz? Duas declarações de Jesus, no evangelho de João, fornecem-nos algumas diretrizes claras: "E tudo quanto pedirdes em meu nome, eu o farei" (Jo 14.13). "Se vós permanecerdes em mim e as minhas palavras permanecerem em vós, pedi o que quiserdes, e vos será feito" (Jo 15.7). Devemos pedir no nome de Jesus. A razão para isso é que, por nós mesmos, não temos qualquer autoridade. Nossa autoridade é apenas derivada da autoridade de Jesus. Todavia, se ele nos der autoridade, estaremos representando nada menos de que o próprio Rei dos reis! Esse é o tipo de autoridade que um guarda de trânsito exibe, em uma cidade qualquer, ou que tem um embaixador que represente o seu presidente ou rei em um país estrangeiro. Sem a autoridade de Jesus, pois, nenhuma oração pode ser eficaz. Devemos permanecer em Jesus. Quando permanecemos em Jesus, antes de tudo nos tornamo justos. Não que tenhamos qualquer justiça própria, mas é que Jesus nos proporciona a sua própria justiça. A oração eficaz e fervorosa de um homem justo tem grande valor.

Igualmente importante é que quando permanecemos em Jesus ficamos sabendo de qual seja a vontade do Pai. Quando oramos, pois, nessa condição, oramos de acordo com a vontade do Pai. Foi isso que Elias fez. Notemos que a narrativa dos capítulos dezessete e dezoito do livro de 1 Reis não fala tanto sobre as "orações" de Elias, como sobre a sua proclamação daquilo que ele sabia ser a palavra e a vontade de Deus (1 Reis 18.1, 41-45). As únicas orações que nos são respondidas são aquelas feitas de acordo com a vontade de Deus. A intimidade com o Pai não é apenas a chave para a oração eficaz, mas é também a própria essência da oração.

Entendendo a natureza da oração, geralmente, as pessoas pensam na oração em termos de petição de alguma coisa a Deus. Mas isso é apenas uma parte daquilo que está envolvido na oração e não descreve, de forma perfeita, a essência da oração. A maneira mais útil de entender a oração de atitude é reconhecer que se trata, basicamente, de um relacionamento pessoal. Por meio da oração, permanecemos em Deus. A oração nos coloca em intimidade com o Pai. Trata-se de um relacionamento pessoal. Quando Jesus estava ensinando os seus discípulos a orar, ele recomendou que começassem dizendo: "Pai nosso, que estás no céus" (Mt 6.9). Temos aí a descrição não somente de um relacionamento pessoal, mas também de um relacionamento em família. A coisa mais notável sobre a oração é que ela nos leva à presença de Deus, não como se estivéssemos sentados em um estádio, olhando para a figura de Deus lá na plataforma, mas como se estivéssemos junto com ele em nossa sala de estar.

A oração agrada a Deus. O livro de Apocalipse se refere à oração somente por duas vezes, mas em ambas as vezes a oração aparece sob a figura de incenso. No quinto capítulo do Apocalipse, vemo-nos a contemplar a cena majestosa do salão do trono, onde Jesus toma um rolo fechado com sete selos, que estava com o Pai. Vinte e quatro anciãos prostraram-se para adorar e cada um deles trazia "uma harpa e taças de ouro cheias de incenso, que são as orações dos santos" (Ap 5.8). E novamente, no oitavo capítulo do Apocalipse, aparece um anjo diante do altar a fim de oferecer incenso, juntamente com as orações de todos os santos. "E o fumo do incenso subiu com as orações dos santos desde a mão do anjo até diante de Deus"(Ap 8.4)

Enquanto escrevia o Apocalipse, o apóstolo joão certamente mostrava estar familiarizado com Salmos 141.2, onde lemos: "Suba perante a tua face a minha oração como incenso, e seja o levantar das minhas mãos como o sacrifício da tarde." Temos nesse passo bíblico uma referência ao altar do incenso, no tabernáculo. Arão, o sumo sacerdote, queimava ali o incenso, cada manhã e cada tarde, a fim de simbolizar o relacionamento diário entre Deus e os seu povo. Graças a Jesus Cristo e à sua morte na cruz, não precisamos depender de um sacerdote como Arão para queimar incenso e lembrar-nos de nosso relacionamento com Deus. As nossas orações são, elas mesmas, esse relacionamento, e cada um de nós, crentes regenerados, pode se dirigir diretamente a Deus. Deus aprecia esse relacionamento de oração. Deus aprecia a atmosfera produzida pelo incenso. Parece quase uma arrogância dizê-lo, mas Deus sente-se abençoado pelas nossas orações. Por causa do sangue derramado de Jesus temos o avassalador privilégio de gozar da relação de Pai-filho, com nada menos que o Criador do universo. Sentamo-nos em companhia dele, em nossa sala de estar e desfruta-mos desta comunhão que nos é concedida.

A oração intercessória tem duas vertentes, embora alguns crentes talvez nunca tenham pensado em definir a oração como uma comunhão íntima com Pai, poucos que lerem essa definição haverão de discordar dela. Mas algo fica implícito, paralelamente à compreensão da oração como uma intimidade, que muitos crentes não aceitam conscientemente. Se a oração é mesmo um relacionamento pessoal, esse relacionamento precisa ter duas vertentes de comunicação e não apenas uma. O Novo Testamento nos instrui a nos relacionarmos com Deus como o nosso Pai, dando a entender que saberemos como fazer isso, mediante aquilo que tivermos aprendido através de nossos relacionamentos humanos. Oh! Sim, eu esperava que minhas orações fossem atendidas, mormente através de circunstâncias reformuladas de minha vida.

Mas ouvir a voz dele! Eu sabia que João deixa escrito: "...o que vimos e ouvimos, isso vos anunciamos, para que também tenhais comunhão conosco, e a nossa comunhão é com o Pai e com seu Filho Jesus Cristo" (1 Jo 1.3). No entanto, nunca cheguei à conclusão de que, como parte de nosso companheirismo, Deus desejava um diálogo, uma conversa em dois elos de comunicação.

Reconhecendo o poder da oração, a fim de que a oração torne-se oração prática, é essencial que reconheçamos uma verdade bem simples, a oração funciona! Com isso, quero dizer que, quando oramos corretamente, vemos as respostas às nossas orações. Essas respostas nem sempre adquirem a forma que estávamos esperando, embora na maioria das vezes aconteça. Essas respostas também nem sempre chegam no tempo em que esperamos por elas, embora também aconteça assim quase sempre. Algumas vezes, as respostas são parciais, mas com maior frequência não somente satisfazem as nossas expectativas, mas até as ultrapassam. Sabemos que Deus "é Poderoso para fazer tudo muito mais abundantemente além daquilo que pedimos ou pensamos" (Ef 3.20). Compreendo claramente que muitos daqueles que estão lendo estas palavras já costumam fazer orações que importuna a Deus e não precisam ser convencidos de que a oração funciona. Para alguns, é difícil acreditar que, em nosso mundo evangélico de hoje, haja crentes que pretendem nos desencorajar a pedir qualquer coisa a Deus em oração, na expectação da resposta, esperando que Deus nos conceda a petição. Mas a verdade é que existem crentes assim. A noção mais saudável se não esperarmos que as nossas orações sejam respondidas. Dentre tudo quanto conheço, nada contribui tanto para perpetuar a oração como essa noção. E eu acrescentaria a isso que um exemplo bíblico primário de oração que pede coisas materiais é a própria oração do Pai-nosso, onde Jesus nos instrui a orar... "o pão nosso de cada dia nos dá hoje" (Mt 6.11).

Afortunadamente, a atitude diante da oração está se modificando rapidamente, nesta nossa época. O grande movimento de oração não estaria varrendo o globo se a oração fosse importante. Os advogados da oração de maneira alguma põem em dúvida a soberania de Deus. Mas entendem, pelas Escrituras, que a soberania de Deus estabeleceu uma lei da oração. Deus deseja fazer muitas coisas, mas ele não as fará enquanto o povo crente, usando a liberdade que lhes foi conferida por Deus, não orar e não pedir para que assim Deus o faça (Tg 4.2). Ora, esse princípio de oração não viola a nossa obediência a Deus. Muito pelo contrário. Assim fazemos em obediência a Deus (Mt 6.8, Lc 11.9,13).

Ninguém pode modificar a Deus, as nossas orações podem exercer e realmente exercem uma influência direta sobre aquilo que Deus faz ou deixa de fazer. Foi assim que o próprio Deus estruturou a realidade. "Clama a mim, e responder-te-ei e anunciar-te-ei coisas grandes e firmes, que não sabes" (Jr 33.3). Suponhamos que não invoquemos o Senhor! A resposta é por demais óbvia para termos de dá-la. Quando oro, não estou dizendo a Deus o que ele deve fazer, pois Deus não pode fazer coisa alguma contra a sua vontade. Mas oro para que aquilo que ele quiser fazer, de fato seja feito. Minha suposição é que se eu não orar, algo que o próprio Deus deseja fazer, na verdade não será feito. "Se Não o fizermos, Ele Não o Quererá." Deus espera ser solicitado não porque lhe falta poder, mas por causa da maneira como preferiu exercer a sua vontade. Não somos peões de um gigantesco tabuleiro de xadrez. Estamos pessoalmente envolvidos. Somete uma visão fria, inflexível e mecânica da soberania e da predestinação de Deus supõe que Deus não dá atenção às nossas orações e simplesmente move a sua mão de acordo com um plano predeterminado de uma vez por todas. Isso não reflete o conceito bíblico de Deus, mas assemelha-se mais a uma visão fatalista e muçulmana da soberania divina, visão essa que a Bíblia repudia.

A oração modifica a história: "Estamos trabalhando junto com Deus para determinar o futuro. Certas coisas acontecerão na história, se nos pusermos a orar corretamente." Um dos livros que tratam da oração e que atualmente estou recomendando tem um título provocativo: And God Changed His Mind. Esse volume foi escrito por Brother Andrew, que disse: "Os planos de Deus para nós não foram moldados em concreto. Somente o seu caráter e a sua natureza é que são imutáveis, suas decisões não!". A Bíblia fornece-nos vários exemplos de como Deus alterou o seus planos, em razão da intercessão de santos. Uma dessas ocasiões retrata a intenção de Deus de derramar a sua ira e consumir o povo de Israel, quando Moisés voltou do monte Sinai com as tábuas de pedra da lei. Mas Moisés intercedeu em favor dos israelitas. "Então o Senhor arrependeu-se do mal que dissera que havia de fazer ao seu povo" (Ex 32.14). Importa percebermos que nem tudo quanto acontece neste mundo é da vontade de Deus. Não se trata de um pensamento agradável, mas Satanás é descrito nada menos como "o deus deste século" (2 Co 4.4). É da vontade de Deus, por exemplo, que ninguém pereça (Pe 3.9), mas muitos

93

seres humanos perecem, porquanto o deus deste século tem cegado a mente deles (2 Co 4.3,4).

As Escrituras revelam que Daniel orou e Deus deu resposta à sua oração no mesmo dia. Entretanto, a resposta precisou de VINTE E UM DIAS para chegar, não como se Deus fosse lento, mas porque o "príncipe da Pérsia" conseguiu entravar a resposta (Dn 10).

Ao reportar-se a esse problema , Walter Wink sugeriu: "Esse novo elemento interferidor na oração – a resistência das potestades à vontade de Deus – marca uma quebra decisiva com a noção de que Deus é a causa única de tudo quanto acontece. Se Daniel não tivesse continuado a jejuar e a orar, teria algum dia chegado a resposta divina? Provavelmente não. Eis a razão pela qual a oração é tão importante e por qual motivo a história pertence aos intercessores, conforme diria Wink. A oração prática tem poder. A oração traz resultado! Seguindo os passos da oração intercessora, já perdi a conta dos muitos livros a respeito da oração que tenho lido nos últimos anos. Uma das coisas mais notáveis a respeito é que dificilmente há dois livros desses que se assemelhem entre si. Provavelmente a oração é um assunto quase inexaurível. Há muitos "passos de oração intercessora", mas quero aqui destacar alguns passos que devem ser endereçadas àqueles dentre nós que estão praticando a oração intercessora, e a quais passos devem-se dar atenção especial, se é que desejam mudar a oração prática. Os passos da oração que, conforme sinto, são as mais cruciais, são estes: orar com fé, orar de coração contrito, orar com unção, orar com insistência.

Tiago ensinou-nos que se nos faltar sabedoria, devemos pedi-la a Deus (Tg 1.5). E então acrescentou: "Peça-a, porém, com fé, não duvidando, porque o que duvida é semelhante à onda do mar, que é levada pelo vento" (Tg 1.6). Quão importante é esse passo?

Passo 1: Orando com fé.

Tiago disse que ela faz toda a diferença. Pois acerca daquele que duvida, disse o escritor sagrado: "Não pense tal homem que receberá do Senhor alguma coisa" (Tg 1.7).

Jesus ensinou sobre a fé aos seus discípulos, utilizando-se de uma ilustração gráfica. Se orassem com fé poderiam dizer a uma montanha que se projetasse no mar, e assim sucederia (Mc 11.23). E a isso adicionou: "Por isso vos digo que tudo que pedirdes, orando, crede que o recebereis, e tê-lo-eis" (Mc 11.24). No que consiste a fé? "Ora, a fé é o firme fundamento das coisas que se esperam, e a prova das coisas que se não veem" (Hb 11. 1). Naturalmente, não pedimos a Deus algo que já temos, mas algo que ainda não possuímos. Ainda estamos pela bênção pedida. Ainda não a estamos vendo. Mas se tivermos fé as coisas invisíveis pelas quais esperamos adquirirão substância. Essa substância, ainda que não seja material e sim espiritual, ainda assim será a substância de nossas petições. Se não emprestarmos substância às coisas pelas quais pedimos, sem dúvida seremos duvidosos como as ondas do mar e nossas orações não serão respondidas. Assim teremos violado um passo da oração intercessora.

Há muitos crentes que não gostam desse ensino. Eles pensam que ele é perigoso, porquanto nos impõe uma responsabilidade demasiada. Não gostam de enfrentar o fato de que algumas vezes, embora certamente não o tempo todo, nós mesmos nos mostramos culpados de nossas orações não serem respondidas. Afortunadamente, para a maioria de nós, incluindo eu mesmo, ele as permite. Porém, fique isto bem claro - essas são exceções e não a regra geral.

A TEOLOGIA DA PROSPERIDADE

Faz anos que venho ouvindo críticas à "palavra de fé" ou "teologia da prosperidade". Conforme tenho chegado a entender, seus melhores advogados estão simplesmente procurando trazer certo equilíbrio à igreja ao enfatizarem uma verdade bíblica que muitos dentre nós têm-se inclinado por ignorar, a saber, o papel crucial que a nossa fé humana tem para que seja feita a vontade de Deus. Mais tarde, ocorre o equilíbrio. Alguns daqueles que defendem a teologia da prosperidade já admitiram que eles exageraram no papel da fé no campo da resposta às orações. Alguns têm percebido que havia o perigo de eles sentirem que poderiam manipular a Deus, mas eles sabem que não deveriam fazer isso. Alguns têm reconhecido que a linha entre a prosperidade concedida graciosamente por Deus e a ganância foi quase inteiramente apagada. E alguns deles têm confessado que têm recebido, porque pediram erroneamente, ou seja, para esbanjarem em seu prazeres (Tg 4.3). Considerados os riscos, todavia devemos concordar que orar com fé é um passo essencial da oração. As respostas serão dadas ou serão negadas com base nesse princípio. Como poderíamos orar com mais fé? A chave principal para orarmos com fé consiste em conhecermos a vontade de Deus. João esclareceu: "E esta é a confiança que temos nele, que, se pedimos alguma coisa, segundo a sua vontade, ele nos ouve" (Jo 5.14).

Como saber a vontade de Deus? Porém, poderíamos conhecer a vontade de Deus antes mesmo de orarmos? Certamente que sim. As duas principais maneiras de conhecermos a vontade de Deus são: ler a respeito dela na Escrituras (2 Tm 3: 13,15 e 16), perguntar ao Senhor e obter a resposta (Jo 14:26 e 16) e 2Tm 2:7, Tg 1: 5,7). A maior parte daquilo que precisamos saber acerca da vontade de Deus nos foi revelado na Bíblia.

Sabemos qual a vontade de Deus acerca de: dar comida aos famintos, justiça em favor dos oprimidos, pagar os nossos impostos, obedecer aos nossos pais e fomentar a harmonia entre raças, sexo extramarital e prostituição.

A Bíblia mostra-se perfeitamente clara sobre essas questões e, assim, quando oramos por elas, sabemos que estamos orando de acordo com a vontade de Deus. Está ficando cada vez mais popular em alguns círculos evangélicos passar uma boa porção do tempo de nossas orações em Orar Segundo as Escrituras. Para usar o título de um excelente livro sobre o assunto, (em inglês é) Praying according to the Scriptures, da autoria de Judson Cornwal. Nesse livro, Cornwal sugeriu que o texto bíblico pode se tornar a oração que oramos. Afirmou ele: "Quando é usada como o veículo de nossas orações, a Palavra de Deus é capaz de declarar profundos desejos interiores e pensamentos da alma e do espírito." Quando usamos as palavras das Escrituras em nossas orações, estamos orando de acordo com a vontade de Deus. A segunda maneira de orar em consonância com a vontade de

Deus consiste em pedir-lhe que determine a sua vontade, antes de orarmos. Jesus disse que ele só fazia aquilo que via o Pai fazendo (Jo 5.19). A nós compete agir do mesmo modo. Uma das principais chaves para quem quer saber qual a vontade do Pai consiste em passar tempo em companhia dele. Podemos saber qual a vontade do Pai. Como podemos ouvir a voz dele, enquanto estamos passando tempo com Ele, quando realmente sabemos qual seja a vontade de Deus, ou por meio das Escrituras ou por meio da comunicação direta com Deus, então é que podemos orar com toda a fé que de nós é esperada para, então, recebemos as respostas que esperamos da parte de nossas orações.

99

Relembrando que a essência da oração é um relacionamento íntimo com Deus Pai, torna-se óbvio que qualquer pecado que obstrua esse relacionamento, mesmo que somente em parte, reduzirá a eficácia das nossas orações. Isaías afirmou o desejo de Deus em ouvir e dar respostas às nossas orações: "Eis que a mão do Senhor não está encolhida, para que não possa salvar, nem o seu ouvido agravado, para não poder ouvir" (Is 59.1). O pecado, não obstante, pode impedir isso de acontecer. "Mas as vossas iniquidades fazem divisão entre vós e o vosso Deus, e os vossos pecados encobrem o seu rosto de vós, para que vos não ouça"

Passo 2: Orando com o coração contrito.

(Is 59. 2). Tratar da questão do pecado e ter um coração contrito é um passo fixo da oração. Jesus reconheceu isso quando, na oração do Pai-nosso, ele nos ensinou a orar diariamente, "...e perdoa-nos as nossas dívidas..." (Mt 6. 12). Contudo, essa tradução, "dívidas" representa uma linguagem ultrapassada em português, que mascara o verdadeiro sentido dessa sentença do Pai-nosso. Visto que todos os crentes pecam vez por outra, precisamos ficar certos de que nossa ficha está limpa diante do Senhor a cada dia, se esperamos que nossas orações sejam respondidas.

Pedro nos fez lembrar do fato que "Porque os olhos do Senhor estão sobre os justos, e os seus ouvidos, atentos ás suas orações, mas o rosto do Senhor é contra os que fazem males" (1 Pe 3. 12).

O arrependimento e a confissão de pecados são medidas essenciais para que haja boas orações. De igual valor é que não haja pecados a serem confessados de novo no futuro. Foi por essa razão que Jesus nos ensinou a orar: "...e não nos deixes cair em tentação" (Mt 6.13). Essas medidas contribuem decisivamente para que tenhamos corações puros. Mas parece que entre todos os pecados que precisamos eliminar de nossas vidas, a fim de orarmos bem, é aquele que se destaca acima de todos os demais: não querer perdoar.

Perdoando o próximo. A sequência de "perdoa-nos as nossas dividas" é "assim como nós perdoamos aos nossos devedores" (Mt 6. 12). O motivo pelo qual eu afirmei que não querer perdoar o próximo destaca-se acima de todos os outros pecados que impedem a boa oração é que essa é a única porção da oração do Pai-nosso que o Senhor Jesus reforçou, depois de ter salientado algo. Pois em seguida ele disse: "Porque, se perdoardes aos homens as suas ofensas, também vosso Pai celestial vos perdoará a vós, se, porém, não perdoardes aos homens as suas ofensas, também vosso Pai vos não perdoará as vossas ofensas" (Mt 6. 14, 15).

Suponhamos que você realmente tenha sido injustiçado. Suponhamos que você seja uma vítima em boa fé. Suponhamos que as faltas não foram suas, mas que você foi severamente ferido por alguma outra pessoa. Suponhamos que os seus ofensores recusem-se a pedir-lhe desculpas. Suponhamos que digam que a falta foi sua. O que você deveria fazer diante disso? Perdoe-os! Foi o que Jesus fez. Se você perdoar, isso purificará o seu coração. As respostas para as suas orações não dependem do que o seu adversário fizer ou deixar de fazer. Mas dependem do que você fizer. O quarto capítulo de Tiago aborda a questão das orações que não são respondidas porque violam a regra do coração puro. "Pedis, e não recebeis" (Tg 4.3) Mas por que? Tendes desejos errados. Desejais, lutais e cobiçais (Tg 4.2). Tendes motivos errados. Pedis erradamente não pedis de acordo com a vontade de Deus, e, assim, vos desviais

101

(Tg 4.3). Tendes objetivos equivocados. Pedis para satisfazer vossos próprios prazeres. Mostrai-vos egoístas (Tg 4.3). O fruto do Espírito Santo em nossa vida enfoca o modo como nos achegamos a Deus. O Espírito Santo nos dará. Os desejos corretos – intimidade com o Pai, os motivos corretos – glorificar a Deus, e os objetivos corretos – fazer a vontade de Deus. Isso nos ajuda a entrar na linha certa, usando o passo da oração feita de coração contrito.

Uma das razões pelas quais nos inclinamos a manifestar falta de fé em nossas orações é que não percebemos plenamente quanto poder temos quando chegamos diante do Pai em nome de Jesus. Um passo da oração que nos cumpre seguir é utilizarmos do poder que já nos foi conferido. A diferença entre uma oração poderosa e uma oração sem unção é a presença do Espírito Santo. O Espírito Santo era a fonte da unção miraculosa manisfestado pelo Senhor Jesus (Mt 12.28, Lc 4.1,14-18, At 2.2, 10.38). Jesus revelou aos seus seguidores que eles teriam a mesma unção e que fariam as mesmas obras, e até maiores, que ele fez (Jo 14.12).

Passo 3: Orando com unção.

Antes de partir deste mundo, Jesus disse a seus discípulos que seria vantajoso para eles se ele fosse, porque somente então poderiam receber o pleno poder do Espírito Santo (Jo 16.7-14). Jesus os instruiu para que se demorassem em Jerusalém até que recebessem o poder do alto (Lc 24.49). E, então, pouco antes de subir para o céu, Jesus disse: "Mas recebereis poder, ao descer sobre vós o Espírito Santo..." (At 1.8). Embora cada crente regenerado desfrute da presença habitadora do Espírito Santo em sua vida, nem todos usufruem de sua presença com o mesmo grau. Alguns estão cheios do Espírito Santo a qualquer dado momento, mas com outros isso não acontece. Posso ser cheio do Espírito Santo hoje, mas amanhã precisarei renovar o meu relacionamento com ele (Ef 5.18). Alguns crentes preferem chamar

Passo 4:
Orar com insistência.

essa experiência de batismo no Espírito Santo, e não enchimento com o Espírito. Diferentes grupos evangélicos têm revestido essa verdade com diferentes arcabouços doutrinários e adornos práticos. Mas o fenômeno é o mesmo, embora todos contemos com a presença genérica do Espírito Santo, pode variar a manifestação do poder do Espírito (1Tm 4.12, 2Tm 1.6). Pedro foi um daqueles que foram "cheios do Espírito Santo" (At 2.4) no dia de Pentecostes, sem embargo, Pedro foi novamente "cheio do Espírito" em Atos 4.8 para que pudesse ministrar poderosamente diante do Sinédrio. Uma vez só, ao que parece, não foi o suficiente.

Nossa constante e diária renovação da presença do Espírito Santo ajuda-nos nos demais aspectos da oração. Ele nos ajuda a manter um coração contrito, porque uma das operações do Espírito Santo consiste em convencer-nos do pecado (Jo 16.8). Ele nos ajuda a ter a certeza de que conhecemos a vontade de Deus, quando entramos em oração, porquanto ele nos atrai para o Pai (Rm 8.16, Gl 4.6). Ele edifica a nossa fé porque somos encorajados ao ver o poder sobrenatural que flui através de nós e toca nas vidas de outras pessoas. Quando temos o Espírito Santo, podemos verdadeiramente orar com poder.

Já tive ocasião de mencionar que algumas vezes as respostas "às nossas orações não nos são dadas tão prontamente quanto esperamos. Quando isso sucede, devemos continuar orando. Daniel, conforme já vimos, orou por vinte e um dias em seguida, antes que a sua resposta chegasse (Dn 10.12,13). Daniel demonstrou para nós o passo que nos manda orar com persistência. Lemos em Lucas 18.1: "E contou-lhe também uma parábola sobre o dever de orar sempre e nunca desfalecer." Ato contínuo, Jesus passou a ilustrar esse conceito com a parábola da viúva pobre e do juiz injusto. Embora o juiz não estivesse disposto a tratar do caso da viúva, finalmente ele mudou de atitude mental, por causa da persistência dela. Ele era um juiz mau, mas a persistência dela deu certo. Deus não é mau, mas é bom (3Jo 1.11). Se a persistência deu certo no meio ambiente mais adverso, quanto mais Deus estará disposto a ouvir-nos, em face de seu amor e compaixão! Como é óbvio, a persistência pode torna-se exagerada. Acredito que se tivermos fé e um coração contrito, o nosso padrão deve ser de continuarmos a orar até que aconteça algo sobrenatural.

À medida que os crentes se sintonizam mais exatamente com a natureza da oração, à medida que se valem da unção da oração e à medida que aderem aos passos da oração, eles verão muitas de nossas igrejas locais serem transformadas e nossas comunidades franqueadas ao evangelho. Parar de orar quando o Espírito Santo nos der confiança de que a batalha espiritual foi ganha. Parar de orar quando Deus responder com um "não". O apóstolo Paulo queria livrar-se de seu espinho na carne, sem importar no que esse espinho tenha sido. Ele mostrou-se persistente o bastante para pedir ao Senhor por três vezes que retirasse aquele espinho, mas Deus acabou respondendo na negativa e embora nem sempre Deus faça assim, o Senhor deu a Paulo a razão para tal resposta. Deus disse a Paulo que ele precisava do espinho na carne "para que me não exaltasse pelas excelências das revelações" (2 Co 12.7). Naturalmente, não constitui um passo fixo orar somente por três vezes a respeito de alguma coisa, conforme fez Paulo no caso mencionado. Talvez Deus queira que oremos por trinta vezes, ou mesmo por trezentas vezes. Penso que a nossa tendência humana é concluir que a resposta é um "não", antes mesmo de ter havido qualquer resposta do alto. Eu quase caí nesse erro ao orar pela salvação de meus progenitores. Foi somente após alguns anos de persistência, com muitos períodos em branco devo confessar que eles entregaram a sua vida a Jesus Cristo. Nossas orações podem tornar-se orações de ação e a medida que os crentes se sintonizam mais exatamente com a natureza da oração, à proporção que se valem do poder da oração e á medida que aderem. Nos dias da igreja primitiva, a estratégia missionária era relativamente simples.

Todas as terras ainda não tinham sido evangelizadas, todos os povos ainda não tinham sido alcançados, a maré ficou subindo e descendo, mas o resultado foi um avanço, primeiramente por todo o império romano, então por toda a Europa, as Américas e a Austrália. Até esse ponto, da perspectiva satânica, as coisas não estavam tão ruins assim... o cristianismo continuava razoavelmente contido.

Em resultado disso, para grande lamentação do inimigo, as fronteiras do mundo não-evangelizado encolheram com tanta energia que atualmente 75% da população do mundo têm uma razoável oportunidade de ouvir o evangelho.

Jesus fez uma declaração muito significativa e bem conhecida a respeito da colheita: "Na verdade, a seara é grande, mas os trabalhadores são poucos" (Mt 9.37). Essa situação serve de lugar comum entre os agricultores. O período, durante todo o ciclo das atividades agrícolas, em que os trabalhadores mostram ser mais necessários é por ocasião da colheita. Conforme os agricultores sabem bem, se não houver um número suficiente de trabalhadores, por ocasião da sega, passar-se-á o tempo certo da colheita e a safra inteira será perdida. O que nos convém fazer, por conseguinte? Há muitas formas de ação que precisam ser tomadas, mas a primeira delas a ser mencionada por Jesus foi que orássemos. Disse o Senhor: "Rogai, pois ao Senhor da seara que mande trabalhadores para a sua seara" (Mt 9.38). As implicações contidas nessa injunção parecem claras para nós nestes nossos dias. Suponhamos que resolvamos que não oraremos? É óbvio, então, que grande parte da colheita haverá de se perder. Se não o fizermos, ele não o quererá." Em algum sentido teológico, como também prático, o desejo de Deus de que todos sejam salvos será cumprido ou não, tudo dependendo das nossas orações.

Jesus diria que a nossa primeira responsabilidade para penetrar em nossas comunidades com o evangelho consiste em orar! E que ele sabia aquilo que muitos de nós tendem por ignorar, a evangelização, tanto na janela 10/40 quanto no meu quarteirão é uma guerra espiritual.

Conhecido então como Saulo de Tarso, ele foi um dos mais ferozes e temidos inimigos do cristianismo. Contudo, a caminho de Damasco, onde ele se dispunha a perseguir os cristãos, Saulo converteu-se de forma dramática, mediante um aparecimento pessoal de Jesus. Não somente ele nasceu de novo, mas também Jesus o chamou para a evangelização do mundo, quando Paulo, em obediência ao Senhor, chegava a alguma nação, naturalmente encontrava ali uma população formada por incrédulos.

A descrição da tarefa que Deus lhe dera foi específica. Cabia-lhe convertê-los "das trevas para a luz e da potestade de Satanás para Deus" (At 26. 18). O que talvez Paulo não soubesse naquela ocasião que mais tarde aprendeu mediante a própria experiência, foi que quando Satanás dispõe de incrédulos debaixo de seu controle, ele não desiste deles sem luta. É a isso que agora chamamos de guerra espiritual.

Nossa arma principal é a oração, quando afirmo que Paulo posteriormente aprendeu isso, penso naquilo que ele escreveu aos crentes de Éfeso 6.12. Temos aí uma das principais passagens do Novo Testamento, acerca da guerra espiritual. Uma boa parcela daquilo que Paulo escreveu aqui é uma descrição do armamento que Deus deixou conosco para atacarmos o inimigo nessa guerra espiritual.Tendo isso sido dito qual é a arma principal da guerra espiritual de que necessitamos quando passamos para a evangelização de nossa comunidade? Oração! "Se Paulo quisesse sumariar a maneira primaria de obtermos acesso ao poder de Deus, a fim de efetuarmos uma Guerra espiritual bem-sucedida, sem a menor sombra de duvida afirmaria que essa maneira seria a oração.

Agora talvez tenha ficado um pouco mais claro por que Jesus diria que quando nos achamos em meio a uma grande colheita, contando apenas com alguns poucos obreiros, deveríamos orar. Sem uma arma tão poderosa como a oração, não poderíamos esperar arrancar pessoas do poder de Satanás, ao qual Paulo chamou de "o deus deste século" (2 Co 4.4), conduzindo-os à fé em Jesus Cristo. Sem a oração ficaríamos virtualmente impotentes ao tentarmos evangelizar a nossa própria casa, cidade ou a janela 10/40. Sem uma arma tão poderosa como é a oração, não poderíamos esperar arrancar pessoas do poder de Satanás conduzindo-as à fé em Jesus Cristo.

109

Se quisermos alcançar a nossa comunidade secular para Cristo, precisaremos, então, decidir que tipo de oração usaremos. Conforme já mencionei, muitos tipos de oração são utilizados na Bíblia. Todos eles são importantes e cada qual é apropriado sob certas circunstâncias. O tipo de oração mais indicado para o evangelismo que visa a conquistar incrédulos das trevas para a luz e do poder de Satanás para Deus é a oração de guerra. Esse tipo de oração também tornou-se conhecido como "amarrar o valente". Um grande marco ocorreu no ministério de Jesus quando Pedro, falando por todos os discípulos, declarou. "Tu és o Cristo, o Filho do Deus vivo" (Mt 16.16). Em resposta a isso, Jesus, pela primeira vez, disse por qual motivo tinha vindo a este mundo: "Edificarei a minha igreja..." (Mt 16.18). Edificar a igreja, como é evidente, é uma afirmação de natureza evangelística.

E, então, Jesus acrescentou: "... e as portas do inferno não prevalecerão contra ela." Temos aqui um fortíssimo indício da guerra espiritual que estava esperando por qualquer um que estivesse tentando entrar na luta da edificação da Igreja. Satanás não tenciona essa tentativa seja feita sem:

- Qualquer oposição. Em que consistem, porém, essas chaves? Asseverou Jesus: "E tudo o que ligares na terra será ligado nos céus, e tudo o que desligares na terra será desligado nos céus" (Mt 16. 19) (ou amarrar) pois, tem uma significação evangelística. Agora os discípulos estavam começando a entender melhor o que Jesus quis dizer quando afirmou anteriormente: "Ou, como pode alguém entrar na casa do valente e roubar-lhes os bens!

- Como devemos orar: Orações de arrependimento." Se este povo que se chama pelo meu nome, se humilhar, e orar, e buscar a minha face, e se converter dos seus maus caminhos, então eu ouvirei dos céus, e perdoarei os seus pecados, e sararei a sua terra." (2 Cr 7. 14). A humilhação e o arrependimento estão entre as exigências divinas para que o Senhor responda, "sarando a terra".

Orações de intercessão. Disse o Senhor: "E busquei dentre eles um homem que estivesse tapando o muro, e estivesse na brecha perante mim, por esta terra, para que eu não a destruísse..." (Ez 22.30). Os participantes das expedições de oração sentem profunda responsabilidade para se colocarem na brecha, em favor da terra pela qual estejam atravessando. Por meio da intercessão, eles imploram que Deus lhes revele as fortalezas do inimigo, em cada lugar em que visitam, e mostre-lhes qual a sua estratégia para derrubar essas fortalezas, conforme nos é ordenado fazer, (2 Co 10. 4,5). Oração de proclamação anunciar em alta voz a glória e a majestade de Deus é ao mesmo tempo um privilégio e uma responsabilidade dos participantes das oração. "Entres os deuses não há semelhante a ti, Senhor, nem há obras como as tuas. Todas as nações que fizestes virão e se prostrarão diante de ti, Senhor, e glorificarão o teu nome" (Sl 86.8,9). Com frequência, isso é feito

111

mediante cânticos, e, ocasionalmente, brados de louvor.

Orações de Bênçãos. Os indivíduos precisam de cura. As famílias precisam de cura. Cidades, casas e aldeias precisam de cura. Centros de poder políticos, econômico, militar e religioso precisam de cura. Almas perdidas precisam ser salvas. Uma grande parte das orações consiste em apelos a Deus, para salvar, curar e libertar.

Fiéis servos de Deus que oravam dia e noite pelo reformados. As palavras do pintor Alberto Durer exprimem o sentimento do povo. "Oh! Deus! Se Lutero fosse morto, quem agora nos exporia o Evangelho? " O tempo que ele passa em oração, produz o tempo para tudo que faz". O tempo que passa com a palavra vivificante enche o coração até transbordar em sermões, correspondência e ensinamentos!

"Ele era um homem em constante comunhão com Deus" "Há, na oração, o ato de desvelar a própria pessoa, de abrir o coração perante Deus, de derramar afetuosamente a alma em pedidos, suspiros e gemidos". "Senhor, disse Davi, diante de ti está todo o meu desejo e o meu gemido não te é oculto. (Sl 38.9). E outra vez: "A minha alma tem sede de Deus, do

Deus vivo, quando entrarei e me apresentarei ante a face de Deus? Quando me lembro disto dentro de mim derramo a minha alma". (Sl 42.2-4). Note: "Derramo a minha alma" é um termo demonstrativo de que em oração sai a própria vida e toda a força para Deus". "As melhores orações consistem, as vezes, mais de gemidos do que de palavras e estas palavras não são mais que a mera representação do coração, vida e espírito de tais orações".

"Eu te digo: continua a bater, chorar, gemer e prantear; se Ele se não levantar para te dar, porque és seu amigo, ao menos por causa da tua importunação, levantar-se-á para dar-te tudo o que precisares". "Dediquei-me solenemente a Deus e o fiz por escrito, entregando a mim mesmo e tudo que me pertencia ao Senhor, para não ser mais meu em qualquer sentido, para não me comportar como quem tivesse direitos de forma alguma... Travando, assim, uma batalha com o mundo, a carne e Satanás até o fim da vida". "Desejo, todas as vezes que subi ao púlpito, e a última que me é dada de pregar, e a última dada ao povo de ouvir: O segredo, porém, da grande colheita de almas salvas não era a sua maravilhosa voz nem a sua eloquência. Não era também porque o povo tivesse o coração aberto para receber o Evangelho, porque era tempo de grande decadência espiritual entre os crentes. Temos de seguir o exemplo de oração e dedicação. "Dediquei o dia para jejuar e orar, implorando a Deus que me dirigisse e me abençoasse

113

na grande obra que tenho perante mim, a de pregar o Evangelho". "Passei a maior parte do dia em oração, pedindo que o Espírito de Deus fosse derramado sobre o povo... Orei e louvei com grande ousadia, sentindo grande peso pela salvação das preciosas almas. Quase todos oravam e clamavam, pedindo misericórdia, e muitos não podiam ficar de pé. A convicção que cada um sentiu foi tão grande, que pareciam ignorar por completo os outros em redor,mas cada um continuava a orar por si mesmo". "Assim, depois de ganhar a vitória em oração exclamou.

Eis-me aqui, Senhor, envia-me a mim até os confins da terra; envia-me aos selvagens do ermo, envia-me para longe de tudo que se chama conforto da terra; envia-me mesmo para a morte, se for no teu serviço e para promover o teu reino...". "É para nós um desafio à obra missionária: "Digo, agora, morrendo, não teria gasto a minha vida de outra, nem por tudo que há no mundo". "O alvo que se deve ter quando luta em oração: firmar-se nas promessas de Deus, suplicando com tanta importunação como quem não podia desistir antes de receber. Parece que posso orar para sempre sem nunca cansar. Quão doce é orar com Jesus e morrer por Ele... A oração não deve ser uma formalidade, mas o meio certo de quebrantar os endurecidos e vencer os adversários". "Planeja os teus negócios se for possível, para passares duas a três horas todos os dias não só em adoração a Deus, mas orando em secreto". "Quem pode sentir o Espírito Santo o animar a tomar parte ativa e definida em levar o Evangelho a um dos muitos lugares sem Evangelho. Pedi e dar-se-vos-á, buscais e encontrareis, batei, e abrir-se-vos-á . Deus é mais pronto a dar o Espírito Santo aos que lho pedirem, do que os pais terrestre a darem boas coisas aos filhos".

"O dever dos crentes em promulgar o Evangelho às nações pagãs. Por que esperas! Não prometes-te dar o coração a Deus! O que experimentas fazer! Então me invocareis e ereis, e orareis a mim, e Eu vos ouvirei. E buscar-me-eis, e me achareis, quando me buscardes de todo o vosso coração..." "Eu olhava para Deus com grande anelo, dia após dia, rogando que Ele me mostrasse o plano a seguir e a graça para suportar as adversidades. Não podia conter-me e lancei-me de joelhos e comecei a orar. O senhor abriu as janelas dos céus, derramou o espírito de oração e entreguei-me de toda a alma a orar. Se eu não tivesse o espírito de oração, não alcançaria coisa alguma. Se por um dia, ou por uma hora eu perdesse o espírito de graça e de súplica, não poderia pregar com poder e fruto, e nem ganhar almas pessoalmente". "Assistiu a um culto onde os crentes, de joelhos, pediam que Deus fizesse cair sua bênção sobre a reunião. Nunca se esqueceu desse culto, em que viu, pela primeira vez, crentes orando ajoelhados; ficou profundamente comovido com o ambiente espiritual a ponto de buscar também a presença de Deus, costume esse que não abandonou durante o resto da vida. Foi nesses dias, depois de sentir-se chamado para ser missionário. Continuava a funcionar com as mesmas regras de confiar inteiramente em Deus para todo o sustento, confiando só nas promessas de Deus para suprir todo o seu sustento. A Bíblia tornou-se a fonte de toda a sua inspiração e o segredo do seu maravilhoso crescimento espiritual".

"O Senhor me ajudou a abandonar os comentários e a usar a simples leitura da Palavra de Deus como meditação. O resultado foi que, quando na primeira noite fechei a porta do meu quarto para orar e meditar sobre as Escrituras, aprendi mais em poucas horas do que antes durante alguns meses. A maior diferença, porém, foi que recebi, assim, força verdadeira para a minha alma".

"Algumas horas todos os dias, e ainda, vivo no espírito de oração, oro enquanto ando, enquanto deitado e quando me levanto. Estou constantemente recebendo respostas. Uma vez persuadido de que certa coisa é justa, continuo a orar até a receber. Nunca deixo de orar... Milhares de almas têm sido salvas em respostas às minhas orações... Espero encontrar dezenas de milhares delas no céu..." "O grande ponto é nunca cansar de orar antes de receber a resposta. Há promessas inabaláveis de Deus e sobre elas eu descanso". "Mas sempre pedir a Deus em secreto todo o necessário. Abre bem a tua boca, e ta encherei (Sl 81.10). Ele suprirá todas as necessidades. Ao orar, estava me lembrando de que pedia a Deus o que parecia impossível receber dos irmãos, mas que não era demasiado para o Senhor conceder. Ó, Senhor, olha para as necessidades de teu servo...Essa foi uma oração a que Deus abundantemente respondeu. Quando conseguimos ter um coração entregue para fazer a vontade do Senhor, seja essa qual for. Quando chegamos verdadeiramente a tal ponto, estamos, quase sempre, perto de saber qual é a sua vontade". "Ter o coração entregue para fazer a vontade do Senhor, não deixo o resultado ao mero sentimento ou a uma simples impressão. Se o faço, fico sujeito a grandes enganos. Procurar a vontade do Espírito de Deus por meio da sua Palavra.

Ainda mais um ponto para que a nossa fé se fortaleça, é necessário que deixemos Deus agir por nós ao chegar a hora da provação, e não procurar a nossa própria libertação.

Se o crente desejar grande fé, deve dar tempo para Deus trabalhar". "Lutar com Deus em oração para obter, orar com alvo certo e com perseverança e Deus responderá, lendo a Bíblia e meditando sobre o texto lido, chega-se a conhecer a Deus, por meio de oração. Procurar manter um coração íntimo e uma boa consciência. Se desejamos que a nossa fé cresça, não devemos evitar aquilo que aprove e por meio do que ela seja fortalecida; os meus olhos não estão nas circunstância,mas no Deus vivo que governa todas as circunstância da minha vida. Creio ser isso a tua vontade".

"Eis que eu estou convosco todos os dias, até a consumação dos séculos. A bênção do apóstolo Paulo ou de Agostinho, e outras do mesmo tipo, dominando os desejos carnais...Atos de abnegação muito difíceis de executar sob a lei férrea da consciência, tornaram-se em serviços de vontade livre sob o brilho do amor divino...Olha, faça da religião o motivo principal da sua vida cotidiana e não uma coisa inconstante, se quer vencer as tentações e outras coisas que o querem derribar. Ó, Jesus, rogo que enchas agora com teu amor e me aceites e me uses um pouco para a tua glória. Até agora fiz nada para ti,mas quero fazer algo. Oh! eu te imploro que me aceites e me uses e que seja tua toda a glória. Não valeria coisa alguma o que possuo ou que possuirei a não ser em relação ao reino de Cristo. Se alguma coisa que tenho pode servir para o seu reino, dar-lhe-ei, a quem devo tudo neste mundo e durante a eternidade. Não é somente o ambiente, mas a escolha na mocidade é que determine o destino, não só aqui no mundo, mas para toda a eternidade". "Será sacrifício pagar uma pequena parte da dívida, dessa dívida que nunca podemos liquidar, do que devemos ao nosso Deus! É sacrifício aquilo que traz a bendita recompensa de saúde, o conhecimento de praticar o bem, a paz de espirito e a viva esperança de um glorioso destino!

Longe esteja tal ideia! Digo com ênfase: Não é sacrifício... Nunca fiz sacrifício. Não devemos falar dos nossos sacrifícios ao nos lembrarmos do grande sacrifício que fez, Aquele que desceu do trono de seu Pai, nas alturas, para se entregar por nós!

"Meus pais andaram com Deus, porque não posso eu também andar? Não te deixarei ir, se não abençoares. Então, sozinho e de joelhos, surgiu na sua alma um grande propósito. Se Deus rompesse o poder do pecado e o salvasse em espírito, alma e corpo para toda a eternidade, ele renunciaria tudo na terra para ficar sempre ao seu dispor. Nunca me esquecerei do que senti então, não há palavra para descrever. Senti-me na presença de Deus, entrando numa aliança com o Todo-poderoso. Pareceu-me que ouvi enunciadas as palavras. Tua oração é ouvida, todas as condições são aceitas. Desde então nunca duvidei da convicção de que Deus me chamava a trabalhar por sua causa. Mas uma das cruzes mais pesadas que o missionário leva é a falta de recursos, quando a igreja a missão que o envia se acha sem recursos. Ninguém deve dizer que não é chamado para cumprir o IDE. Ao enfrentar tais fatos, todas as pessoas precisam saber se têm uma chamada para ficarem em casa. Amigo, se não tem certeza se tem uma chamada para continuar onde estás, como pode desobedecer à clara ordem do Salvador para ir!- Se estás certo, contudo, de estares no lugar onde Cristo quer, não por causa do conforto ou dos cuidados da vida, então estás tu orando como

119

convém a favor dos milhares de perdidos no mundo? Estas tu usando teus recursos para salvação deles? "Tu, Senhor, tu podes assumir todo o encargo. Com tua chamada, e como teu servo, avançarei, deixando tudo nas tuas mãos. A minha alma anseia e o coração pela evangelização de centenas de milhares de almas perdidas pelo mundo sem obreiros. Oh!, se eu tivesse cem vidas a dar ou gastar por eles! E por que me chamas Senhor, Senhor, e não fazes o que eu digo? Não sei ler, não sei pensar, nem mesmo sei orar, mas sei confiar".

VII

PLANIFICAÇÃO E PROPÓSITO

"Se Deus sustenta a causa, ela será sustentada."

Lutero

Neste capítulo, trataremos acerca da planificação e propósitos em dois pontos: grande e peque-no. Primeiro, discutiremos o tipo de plano que você necessita para um plano grande. Então, trataremos com uma simples planificação anual como a que se usa na planificação de uma igreja local.

A planificação e propósito é estabelecer a maior e mais influente centro de treinamento e educação cristã na cidade. Como criaria um plano para este projeto!

O êxito de seu projeto depende em grande parte de sua habilidade para comunicá-la aos participantes e apoiadores potenciais. Isto, por sua vez, depende de sua própria habilidade para pensar em passos intermediários em direção ao propósito e conseguir uma compreensão realista dos recursos necessários.

Escrever seu projeto em um parágrafo breve e simples é de grande ajuda. Depois, escreva seus propósitos intermediários e como você espera consegui-los. Para convencer aos cristãos maduros da validez de seu projeto, seu plano necessita incorporar certos elementos ministeriais, às vezes os encontrados nos princípios das missões.

Os elementos de um bom projeto! Você necessita esclarecer o seguinte: Como será eventualmente reproduzível pelos participantes? Esse é um princípio

123

básico missionário. Quando os apóstolos estabeleciam igrejas, eles capacitavam homens chaves para fazer o mesmo. Uma pergunta importante que se faz é: - Quanto do que estou fazendo é reproduzível pelas pessoas que estou ministrando, usando seus próprios recursos?

Um bom projeto deve ser facilmente entendido pelos participantes. Como poderá se autofinanciar?

Parte do projeto é conseguir autofinanciamento do ministério. Senão, você cria um sistema de dependência. Isso impede o amadurecimento da missão cristã. Não crie uma dependência de você mesmo. Se seu projeto requer sua existência perpétua para fazê-la funcionar, então você está construindo seu próprio ninho, não o Reino de Deus.

Como obter os recursos necessários? Cada líder cristão exitoso pode dizer como começou com nada e como Deus proveu pouco a pouco. Deus raramente deposita tudo de uma vez em nossas mãos. Deus normalmente nos obriga começar com pouco. Veja cada pequeno recurso dado por Deus como um pagamento inicial do projeto.

Quais são seus propósitos intermediários? Um dos recursos mais efetivos para convencer as pessoas da realidade de seu projeto é ter planificação intermediária. Essas são as etapas pelas quais você passará para conseguir seu projeto. Seu primeiro propósito deve ser algo obviamente acessível, de preferência algo em que você já tenha obtido progresso.

Exemplo: Considere o efeito sobre os potenciais apoiadores quando você comunica o seu projeto do centro de treinamento e educação cristã e lhes diz: - Nós temos a propriedade escolhida e já temos feito um pagamento inicial. O impacto psicológico é incrível, isto responde em voz alta e clara a primeira pergunta que eles tinham em suas mentes: - É este homem sério? – Isso demonstra uma iniciativa e um movimento prático.

Avaliações: Você necessita avaliar regularmente o progresso dos propósitos. Faça a si mesmo as seguintes perguntas: Quantos dos meus propósitos intermediários já consegui? O tempo para conseguir meus propósitos tem sido maior que o esperado? Quais são os principais impedimentos?

Sempre na igreja haverá pessoas que não aceitam os projetos, não importa o que você faça. Essas pessoas querem fazer algo diferente e inclusive declaram que Deus as têm chamado para fazer isto ou aquilo. Ao estabelecer uma igreja local, a liderança necessita fazer todo o possível para acomodar essas pessoas sem perder de vista os propósitos.

Colocando tudo por escrito isto ajuda a clarear seus próprios pensamentos, como também ajuda a medir seu progresso. Periodicamente, no plano do projeto, você pode fazer por escrito a seguinte pergunta: "Nós saberemos que estamos progredindo para alcançar o projeto, quando"... Logo ponha algum propósito intermediário para que os participantes saibam que estão progredindo em direção ao projeto.

Os participantes verão melhor onde eles mesmos estão no plano. Além do mais, demonstra que você, como um líder cristão com integridade, tem nada a esconder.

126

A PLANIFICAÇÃO DENTRO DA IGREJA LOCAL!

Na igreja local, os líderes necessitam estabelecer os planos e projetos. Uma igreja sem um projeto e propósitos claros não irá a parte alguma. A planificação anual é imprescindível para uma igreja.

Suponhamos que em sua comunidade chegaram algumas famílias jovens. Seu propósito é alcançar para Cristo cinco dessas novas famílias durante o próximo ano. Você e sua igreja se comprometeram com este desafio e anunciam esse propósito à congregação. E agora?

Revise o propósito frequentemente com seu pessoal, peça-lhes suas opiniões criativas. Isto lhes ajuda a "fazer seu" o propósito. Estabeleça uma base de dados para revisar seus "progressos". Por exemplo, se você tem um propósito para este ano, então tome dados cada dois meses para revisar os resultados. Isso ajuda a manter a todos com o mesmo objetivo.

127

Prepare-se para a Oposição

Sempre haverá os que se opõem, não importa o que você faça. Exemplo: Seu propósito é ganhar cinco casais jovens para o Senhor. Então um domingo alguém se aproxima de você na igreja e lhe diz: O nosso grupo gostaria de começar um ministério para idosos no asilo. Como você responderia? Você poderia responder: "Isso é uma meta louvável, porém, como encaixar com nossos propósitos de incorporar cinco casais jovens á igreja este ano? Mostre-me como sua ideia apoia a visão da igreja e nós a aprovaremos. Do contrário, não". Fazer isso ajuda seus membros a permanecerem enfocados no trabalho sem desviar-se. Inevitavelmente na igreja surgirão problemas que poderão absorver seu tempo. Tenha cuidado com isso. Exemplo: Na invasão da Normandia na II Guerra Mundial, tudo o que tinha de sair mal, saiu mal. Houve mais baixas do que se previra. Porém os generais deram a ordem de avançar. Os aliados ganharam, a pesar dos erros e das baixas.

Exemplo de um plano, nesta ilustração: a liderança da igreja decide estabelecer uma escola para uns 300 estudantes dentro de um prazo de 10 anos. A escola poderá sustentar-se, sem necessidade de recursos da igreja.

ESTABELEÇA PROPÓSITOS INTERMEDIÁRIOS

Os propósitos intermediários se referem aos passos pequenos, mas necessários para chegar-se ao objetivo final. Alguns passos intermediários podem ser: Começar o primeiro ano com um centro de cuidado infantil diário para que os vizinhos tomem conhecimento da existência da igreja. Começar um jardim de infância usando as salas da escola dominical. Adicionando uma série a cada ano até alcançar o objetivo.

Recrutar professores durante o primeiro ano para poder adicionar uma nova série no próximo ano. Designar dez por cento das ofertas ao projeto escolar para prover de fundos para o próximo ano e para um fundo de construção.

Lista de recursos disponíveis, uma parte gratificante de implementar um projeto ordenado por Deus é ver como Ele provê. As pessoas muitas vezes descobrem que têm mais recursos do que pensavam.

A igreja tem dois professores qualificados disponíveis. O pastor auxiliar foi antes um administrador escolar e pode exercer a função de administrador do projeto nas etapas iniciais. As salas da escola dominical podem ser usadas como salas de aulas durante os primeiros três anos. Oito famílias da igreja têm crianças pré-escolares e têm expressado interesse em por seus filhos no projeto. A igreja tem $10.000,00 para os gastos iniciais. A igreja tem suficiente terreno para se expandir com novos edifícios.

Lista de recursos necessários para completar o objetivo final, se necessitam 20 pessoas qualificadas. Esse grupo inclui os professores para todos as séries, uma secretária, um contador e dois administradores. Necessidades financeiras: O projeto necessitará de uns $250.000.00 para novos edifícios e de $50.000.00 para equipamentos dentro dos próximos cinco anos para poder acomodar os alunos da quinta à oitava série.

Reprodução, no quinto ano, se começarão a preparar professores interessados em administração escolar. Isso liberará os administradores atuais para iniciar uma nova escola no outro lado da cidade.

UM BOM PLANO SOLIDIFICA O PROJETO

Um breve esboço do plano da credibilidade e compreensão. As planificações intermediárias fazem mais acessível ao projeto a longo prazo. Um bom plano inclui as formas para conseguir os recursos necessários. Em qualquer plano, seja um projeto grande, pequeno ou a planificação anual de uma igreja, sempre haverá opositores e problemas que distraem. Um bom líder permanece no propósito e não permite que essas coisas o desviem.

130

VIII

VISÃO E SONHO

"O fracasso é uma oportunidade de começar de novo de forma mais inteligente"

Robert K. Greenleaf, em seu livro The Servant as Leader (O líder servo), afirma: "Previsão é a direção "que o líder tem. Assim que ele perde essa direção e que os eventos começam a nos coagir, ele passa a ser líder apenas de nome. Ele não lidera, mas reage ao evento mais imediato e provavelmente perderá a liderança. Há muitos exemplos de perda de liderança que brotam da falha em prever o que poderia ter sido antevisto sem muito esforço e por esse conhecimento em ação enquanto o líder tem liberdade para agir."

Essa visão se torna a energia por trás de todo esforço que o impulsiona através dos problemas. Com visão, o líder passa a estar em uma missão e sente-se um espírito contagiante em meio à multidão, até que outras pessoas se levantem para seguirem juntas ao líder. Unidade é essencial para o sonho se realizar. Longas horas de trabalho são doadas com alegria para realizar um objetivo. Os direitos individuais são deixados de lado, pois o todo é muito mais importante que as partes. O tempo voa, a disposição de ânimo fica elevada, histórias heroicas são compartilhadas e o compromisso passa a ser o lema do grupo. Por quê? Porque o líder tem visão!

É necessária apenas uma palavra para extrair a fórmula do entusiasmo do parágrafo precedente –

visão. Sem ela, a energia se enfraquece, os prazos não são cumpridos, o plano pessoal começa a vir à tona, a produção cai e as pessoas de dispersam.

Perguntaram a Helen Keller: *O que seria pior do que nascer cega?* Ter a capacidade de enxergar sem visão, respondeu ela. Infelizmente, muitos assumem as posições de liderança sem uma visão para a organização que lideram. Todos os grandes líderes têm duas qualidades: sabem para onde vão e sabem persuadir outros a segui-lo. Eles são como a placa no consultório do optometrista: "Se não vê o que quer, você está no lugar certo." Este capítulo tratará da visão do líder e da habilidade de reunir pessoas à volta dele.

A palavra visão talvez tenha sido usada em excesso nos últimos anos. O primeiro objetivo de muitos workshops de gerenciamento é desenvolver a declaração de propósito para a organização.

Algumas pessoas o olham de forma estranha, se você não consegue recitar o propósito da organização de memória e não for capaz de produzir um cartão com uma declaração de propósitos impressa.

Por que existe a pressão para desenvolver um propósito para sua organização? Há duas razões. A primeira, a visão se torna o grito que reagrupa as pessoas, algo específico da organização. É uma declaração clara em um mercado competitivo anunciando que você tem um importante nicho em meio a todo o clamor de vozes em busca de seus clientes. Essa declaração é a razão pela qual você existe. A segunda, a visão se torna uma nova ferramenta de controle que substitui o manual de mil páginas, algo antiquado que reprime a iniciativa. Em uma época em que, para que se possa sobreviver, exige-se a descentralização até das linhas de frente, a visão é a chave que mantém todos focados.

Visão o que você vê é o que você pode ser. Isso se relaciona como seu potencial. Pergunto-me com frequência: a visão faz o líder ou o líder faz a visão? Acredito que a visão vem primeiro. Conheço muitos líderes que perderam a visão e, portanto, o poder para liderar. As pessoas fazem o que veem. Esse é o grande princípio motivacional para todo o mundo. Segundo o centro de pesquisas Stanford Research, 89% do que aprendemos é pela visão; 10%, pela audição; e 1% pelos outros sentidos. Em outras palavras, as pessoas dependem do estímulo visual para o crescimento. Com um líder disposto a implementar a visão, um movimento se inicia. As pessoas não seguem um sonho por si só. Elas seguem o líder que tem esse sonho e a habilidade para comunicá-lo de forma eficaz. Portanto, a visão no início faz o líder, mas para essa visão crescer e exigir adeptos o líder precisa assumir responsabilidade por ela.

Os indivíduos se dividem em quatro grupos de visão:

Alguns indivíduos jamais veem. (Eles são errantes);

Alguns indivíduos a veem, mas jamais a perseguem sozinhos. (Eles são seguidores);

Alguns indivíduos a veem e a perseguem. (Eles são realizadores);

Alguns indivíduos a veem, a perseguem e ajudam outros a vê-la. (Eles são líderes).

> A Todos os grandes líderes têm duas coisas: eles sabem para onde vão e eles são capazes de persuadir os outros a segui-los.

Hubert H. Humphrey é um exemplo de que "o que você vê é o que pode ser." Em uma viagem para Washington D.C., em 1935, ele escreveu esta carta para sua esposa: "Querida, consigo ver como você e eu, se focarmos nossa mente para trabalhar por algo maior e por coisas melhores, podemos, algum dia, morar aqui em Washington e, provavelmente, fazer parte do governo, da política ou do serviço público... Ó meu Deus, espero que meu sonho se torne realidade. Bem, de qualquer forma, vou tentar."

Você vê o que está preparado para ver, isso trata da percepção. Konrad Adenauer estava certo quando afirmou: Todos nós vivemos debaixo do mesmo céu, mas não temos o mesmo horizonte.

A importância de ter um sonho, ter um sonho aumenta o potencial.

A maioria dos grupos anônimos e seus líderes são gigantes adormecidos. Satanás quer que eles permaneçam assim. Por isso, ele constantemente sussurra mentiras nos ouvidos dos líderes de grupos anônimos acerca daquilo que eles não serão capazes de fazer. Satanás é derrotado quando os líderes de grupos anônimos têm um sonho do que eles e seus grupos podem vir a ser. Sua capacidade de fazer diferenças no Reino de Deus cresce imediatamente.

137

Grupos anônimos eficientes têm um potencial surpreendente.

A Igreja Metodista iniciou com um grupo anônimo que se reunia na Universidade de Oxford. Hoje ela tem mais de 11 milhões de membros espalhados em todo o mundo. Sonhe em liderar um grupo saudável, que cresce e se multiplica. Grupos anônimos são o potencial de crescimento da igreja local. Esses grupos não só têm o potencial de se multiplicar para alcançar um grande número de pessoas.

Os grupos anônimos podem transformar-se no lugar para a geração de novos líderes e na plataforma de lançamento para a batalha espiritual. Eles podem oferecer às pessoas um sentimento de pertencer. Grupos anônimos eficazes podem gerar equipes de evangelismo, visitação e oração etc. No entanto, esse potencial muitas vezes não é percebido devido à falta de um sonho.

Alguém disse em certa ocasião que o potencial de um homem é medido pelos alvos que ele busca atingir.

Algumas pessoas se dão conta de apenas uma pequena fração do seu potencial. Ter um sonho ajuda o líder de grupo anônimo a começar a enxergar o seu grande potencial para fazer diferença para Deus. Sonhe o sonho de liderar um grupo saudável, que cresce e se multiplica. Sonhe em liderar seu grupo para que se multiplique todos os anos. Creia que Deus pode usar seu grupo anônimo para fazer uma grande diferença.

Ter um sonho ajuda na sua realização.

Eu iniciei um grupo anônimo há vários anos. Nunca tive um sonho para esse grupo. Eu o liderei porque alguém me pediu para fazê-lo e porque me senti obrigado. Era simplesmente uma reunião semanal de alguns homens para estudar a Bíblia. O grupo nunca se consolidou nem cresceu. Dentro de um ano, esse grupo havia morrido silenciosamente. Outra vez, comecei um grupo com o sonho de vê-lo crescer e se multiplicar em um ano. Pratiquei as estratégias de líderes de grupos altamente eficazes. Em nove meses, esse grupo cresceu e se multiplicou para quatro grupos. A diferença estava no sonho. Foi o sonho que me motivou. Sonhos ajudam no cumprimento de um propósito. Existem muitas coisas boas na vida que eu nunca teria alcançado sem um sonho. Se eu não tivesse primeiramente sonhado a respeito, nunca teria levado alguém a Cristo, não teria lido toda a Bíblia ou plantado uma igreja. Eu nunca fui bem-sucedido no crescimento e multiplicação de um grupo para o qual não havia tido um sonho de crescimento e multiplicação.

Ore diariamente pelos membros do grupo. Há muitos anos, o evangelista S.D. Gordon declarou: "A melhor coisa que alguém pode fazer por Deus e pelo homem é orar." Tenho chegado a uma conclusão clara: a oração é a atividade mais importante do líder de grupo anônimo. Se um líder de grupo anônimo pudesse fazer somente uma coisa para tornar seu grupo mais eficaz, essa coisa teria que ser oração. A oração é uma ferramenta fascinante para a pessoa que deseja ministrar a outros. É uma das coisas mais simples que podemos fazer. Tudo que precisamos fazer é sentar (ou ajoelhar) e elevar alguém à presença de Deus. No entanto, a maioria de nós vai ter que admitir que a oração pelos outros é uma das coisas mais difíceis para se colocar em prática. Nós nos ocupamos demais. Nós nos distraímos. Ficamos desanimados e não oramos o suficiente. Precisamos considerar a oração um auxílio inegociável em seu ministério aos outros. Devemos usar com frequência e fazem bom uso dela. Ore diariamente pelos membros do grupo. Separemos um tempo na nossa agenda para orar diariamente e reconhecer a oração como uma das prioridades mais importante para nossos líderes de grupos. Oremos mais e não pouco por nossos líderes de grupos.

A oração anima os membros do grupos anônimos entre uma reunião e outra. A oração faz com que o convite de novas pessoas seja mais bem-sucedido. Ela facilita o convite e o acompanhamento de um auxiliar.

Ela acrescenta alegria e diversão aos encontros sociais do grupo anônimo. A oração une os membros do grupo. A oração sempre traz vantagens. A oração provê a percepção necessária.

A verdadeira oração não apenas fala, mas também ouve. A oração nos conecta com Deus e Deus conhece todas as coisas. Quando estamos ouvindo na oração, Deus nos provê percepção a respeito de questões importantes.

Subitamente temos uma nova compreensão das necessidades, dos dons, das lutas e do potencial dos nossos membros. Reconhecemos seus valores e a pessoa certa para recrutar como nosso auxiliar. A oração é um privilégio e uma responsabilidade necessários. Os sacerdotes do Antigo Testamento, incluindo Samuel, tinham a responsabilidade de se colocar diante de Deus em favor do povo. Deixar de orar pelo povo era considerado pecado (1 Sm 12.23). A maioria dos nossos líderes tem uma lista imensa de pessoas pelas quais se comprometem a orar. Mas, se cada líder de grupo anônimo orasse pelos membros de seu grupo, a tarefa seria cumprida de uma maneira bem mais eficiente.

Se os líderes não oram pelos membros diariamente, quem vai orar por eles? As pessoas podem não precisar de coisa alguma dos outros cristãos, mas necessitam das suas orações. Todos nós precisamos de oração o tempo todo. Precisamos de oração para as nossas necessidades espirituais, ministeriais, emocionais, físicas e financeiras. Precisamos de oração para a nossa família. Necessitamos de oração acerca de decisões a serem tomadas. Precisamos de oração pela nossa vida profissional. Ore pelo seu grupo e ensine os membros do grupo a orar por você e todos serão beneficiados.

Queremos conclamar a todos os líderes para assumir o seguinte compromisso em relação às pessoas que estão debaixo da sua liderança:

Ore diariamente;

Esteja à disposição em tempos de necessidade;

Contate regularmente os membros;

Seja exemplo de um cristão em crescimento.

A oração é a nossa maior arma espiritual.

Perceba que a oração vem em primeiro lugar.

Todos os que foram líderes de um grupo anônimo por um longo período já se defrontaram com sérios conflitos espirituais. As duas coisas que Satanás mais teme são a oração e a multiplicação; ambas fazem parte do DNA de uma vida do grupo eficaz. Grupos anônimos desenvolvem líderes e preparam ministros para conquistar o território de Satanás. Um líder deve orar para que ele e seu grupo não seja derrotados pelos ataques persistentes de Satanás. Falhar na oração é falhar completamente. Satanás não vai permitir que simplesmente pilhemos seu reino. Ele não vai permitir o nosso crescimento e multiplicação, evangelismo, missões transculturais e treinamento sem oferecer resistência. Ele vai nos combater nesse caminho.

Devemos orar não somente para não perdemos terreno, mas também para ganharmos terreno. Com as nossas forças não seremos capazes de sobrepujar o inimigo, mas quando oramos caminhamos em poder. Podemos vencê-lo de joelhos. Podemos avançar de joelhos. Somente uma arma vai detê-lo e fazê-lo recuar. É a arma da oração. É por isso que devemos orar sem cessar. (I Ts 5.17)

143

> Deus nos abençoa quando oramos pelos outros.

Jó sofreu provações esmagadoras. Ele perdeu seus filhos, seu negócio, seus servos, sua colheita e rabanhos e sua saúde. Seu corpo estava coberto de feridas pustulentas. Seus amigos o acusaram de ter atraído a si toda essa desgraça por causa da sua obediência. Sua esposa incentivou-o a amaldiçoar a Deus e morrer.

Subitamente, a saúde de Jó foi restaurada e ele recebeu em dobro o que havia perdido. Ele teve novos filhos e seus amigos o honraram. Ele recebeu o dobro de rebanhos e servos. O que causou uma mudança tão miraculosa na sua vida? Jó orou pelos seus amigos (Jó 42.10). Deus nos abençoa quando oramos pelos outros. Quando oramos pela saúde deles, ele abençoa a nossa. Quando oramos pelos filhos deles, ele abençoa os nossos.

Quais são as características do crescimento pessoal?

Deus espera o nosso crescimento espiritual. Deus espera que cresçamos espiritualmente. Ele deseja que estejamos constantemente desenvolvendo nosso caráter e nossas habilidades para ministrar de maneira eficiente para Cristo.

Precisamos prestar atenção em nosso crescimento pessoal porque Deus espera isso de nós. Ele ordena na sua Palavra: "Cresçam, porém, na graça e no conhecimento do nosso Senhor e Salvador Jesus Cristo" (2 Pe 3.18). Paulo escreveu para Timóteo que exercitar-se para progredir na vida cristã é um elemento-chave no ministério eficiente para Cristo. Paulo exortou que ele fosse diligente para que todos vissem o seu progresso (1 Tm 4. 7,15).

O crescimento pessoal é a fonte para a mudança e crescimento do grupo. A maioria das coisas está fora do nosso controle. Uma das poucas coisas que podemos melhorar diretamente somos nós mesmos. Quando você melhora, a situação melhora. Quando você cresce como líder, você permite que Deus trabalhe no crescimento do seu grupo por meio de você. Podemos afirmar que a chave para mudar o grupo é mudar o líder. O grupo vai crescer se o líder crescer. Melhore o grupo melhorando o líder.

Crescimento pessoal previne decline. Nada em nosso universo, exceto Deus, permanece o mesmo. Tudo está ou se desenvolvendo ou declinando. Nossa vida espiritual está crescendo ou morrendo. Se não prosseguirmos vigorosamente logo vamos escorregar para trás.

145

Alguém observou que "a maioria de nós precisa aprender coisas novas todos os dias para manter-se à frente daquilo que esquece." O líder de grupo anônimo altamente dinâmico entende que se não estiver intencionalmente fazendo progresso em sua vida espiritual, logo vai começar a declinar. As habilidades de liderança que funciona em um nível são ineficazes em outro.

O crescimento pessoal é uma área em que você mesmo precisa trabalhar. Um provérbio irlandês diz: "Você precisa trabalhar no seu próprio crescimento, não importa o tamanho do seu avô." Paulo recomendou a Timóteo que se exercitasse no progresso da vida cristã (1 Tm 4.7). Ninguém mais poderia fazê-lo por ele.

Sabemos que todo psicólogo tem um supervisor a quem ele se submete terapeuticamente para conhecer seus limites, sua vulnerabilidade e suas próprias crises, a fim de não transferi-las aos seus pacientes, mas a maioria dos cristãos, principalmente os pastores, missionários, obreiros, líderes e conselheiros não têm ninguém que os supervisione. Estamos permanentemente convivendo com pessoas e seus conflitos espirituais, familiares, físicos e emocionais, sem darmos conta das nossas próprias fraquezas e pecados. Acabamos por transferir nossos traumas, frustrações, decepções, culpas e crises por não conhecê-los.

Precisamos encontrar alguém que conquiste nossa confiança, a quem vamos abrir nosso coração e falar das nossas dificuldades tanto pessoais, familiares e ministeriais. Quando não desenvolvemos esse aspecto de nossas relações nos expomos, abrindo brecha em nossa vida para ataques e tentações da mais variadas e, ao mesmo tempo, expomos e submetemos nossa família – as pessoas a quem mais amamos – aos mais terríveis traumas que se possam imaginar. Famílias são destruídas por falta de capacidade do líder em buscar ajuda quando passa por crises ministeriais, emocionais, sexuais, espirituais etc.

147

IX

TEOLOGIA BÍBLICA DA LIDERANÇA EMERGENTE

Procura apresentar-te a Deus aprovado, como obreiro que não tem de que se envergonhar, que maneja bem a palavra da verdade

2 Timóteo 2:15

P ara que aconteça uma liderança emergente, ela precisa ser construída a partir de princípios bíblicos, sendo assim o líder precisa entender o plano de Deus. Somente quando compreendemos a forma como Deus planejou a redenção da humanidade e seu desejo de relacionamento com o ser humano é que podemos desenvolver uma liderança emergente. Precisamos ser líderes para o Reino de Deus.

Deus procura homens e mulheres para desempenharem uma tarefa de revelação e transformação para esse sistema de vida egoísta e contaminado pelo pecado. Quando o líder compreende a teologia bíblica da liderança suas ações serão potencializadas e resultarão de forma satisfatória na consolidação do reino de Deus.

A liderança precisa de fundamentos firmes e estes se encontram nos dois testamentos. Comecemos pelo Antigo Testamento.

Em Israel não existia a tentativa de propagar a fé em Javé entre os povos que não o confessavam. É que no Antigo Oriente prevaleciam os "deuses nacionais". Cada povo se entendia vinculado a um Deus em particular (Dt 7.6-8). Este protegia e lutava com sua

151

gente. No império de Davi e Salomão a fé foi imposta aos vencidos. Quando Israel não obteve vitória nas guerras, eram obrigados a uma série de marcos judaico. Deus sempre está no controle, mesmo parecendo que não existem alternativas para solucionar as situações conflitantes, é hora do milagre.

Somente após a destruição de Jerusalém e a dispersão da Nação Israelita, no século VI a.C., abriram-se as portas para a adesão à fé israelita sem a necessidade de pertencer à nação e seguir estritamente os seus ritos. A Torá e a sinagoga leiga tornaram-se um substitutivo para o Templo e o povo. Quem obedecia à lei podia ser considerado membro da comunidade israelita (Is 56.1-8).

Deus continua com seu plano redentor levando o povo de Israel a entender sua responsabilidade de anunciar a redenção para o mundo da época, com a abertura da religião judaica para outros povos, os judeus começaram a dar os passos no sentido de ser uma bênção para todas as nações da terra, como era o plano inicial.

Através de referenciais estabelecidos dentre os judeus, Deus foi desenvolvendo uma forma de se revelar ao mundo da época não apenas como o Deus

152

dos judeus, mas como o Salvador da humanidade, aquele que está disposto a aceitar outros povos desde que cheguem até ele, deixando os outros deuses e acreditando nele somente para a salvação de suas almas.

No pós-exílio, a ortodoxia nacionalista se impôs. A comunidade dos samaritanos se distanciou definitiva-mente. Um belo exemplo é o livro de Jonas. Na época Helenística acirrou-se a luta contra os invasores Macabeus, mas tentativas missionária poderiam ter influenciado a abertura da elite em relação à cultura grega. Intencionalmente ou não, a tradução do AT para a língua grega, a Septuaginta (século III a.C.), por certo facilitou o acesso de muitos não judeus à fé de Israel. São conhecidos na literatura como prosélitos.

Apesar da alternativa de Deus para se revelar ao mundo conhecido da época estar tornando-se evidente, dentre os propósitos judeus as divisões estavam destacadas e a falta de iniciativa neste sentido eram evidentes, como o próprio autor menciona o caso do livro de Jonas que a predisposição de não anunciar o salvamento de Deus para a nação ninivita tornou clara ao ponto que Deus teve de intervir de forma milagrosa e forte pra que o profeta "não de vontade própria" se tornasse na verdade um

153

profeta de Deus que anunciasse a salvação para um povo que aos olhos humanos "Israelitas" não merecia nenhuma espécie de consideração.

Apesar dos pesares, Deus apresentava alternativas para que outros povos chegassem ao conhecimento da verdade. O que se destaca nesta situação é que apesar da negligência e falta de disposição dos judeus, de não obedecerem aos planos de Deus, Ele age e estabelece alternativas para que outros povos cheguem até ele através de suas revelações. Continuando a análise, percebemos a ação de Deus no Novo Testamento. O Novo Testamento é um livro com aspectos missionários e com bastante ênfase na liderança emergente, propõe conforme este capítulo uma liderança emergente. Seus materiais são prédicas narrações e exortações para a vida cristã. Os evangelhos, as cartas de Paulo e os demais escritos eram destinados às comunidades cristãs. Ao mesmo tempo se tornaram documentos. Alguns pontos que atestam estas afirmações:

Após a morte de Jesus, o assustado grupo de discípulos e discípulas ficou disperso. Algumas mulheres foram ao sepulcro para cuidar do corpo do amigo. Outros ficaram escondidos com receio das autoridades. Aos poucos voltaram ao trabalho de

154

antes. Estavam decepcionados. Tudo o que Jesus anunciava com respeito ao advento do Reino de Deus - como eles imaginavam — não veio. Como foi possível que esse grupo se transformasse numa liderança mundial? Nas páginas do Novo Testamento são notórios os fundamentos para liderança emergente, exemplos de homens e mulheres inspirados por Deus e ajudados pelo Espírito Santo, que desempenharam a tarefa que estava proposta por Deus desde o início. Prontificaram-se a anunciar onde se faz necessário que Jesus Cristo é o Senhor e que a graça de Deus se manifestou salvadora a todos os homens apesar do desalento inicial.

Esse é um ponto fundamental para conceituarmos a liderança no contexto do Novo Testamento, também trazendo uma aplicação para nossos dias, dentro do contexto latino-americano. A mensagem de Jesus foi tão forte para os primeiros discípulos que encontraram forças para cumprirem com a vontade de Deus. Outro ponto que se destaca no livro de Lucas é o interesse de Jesus pelos pobres. A liderança emergente deve ter como destaque na sua atenção às pessoas menos privilegiadas. Jesus deu atenção aos pobres, famintos, doentes, atribulados de alma, atentados por demônios e outras necessidades. O líder deve estar preocupado com os marginalizados.

O termo grego "ptochós" designa os pobres no sentido social e econômico; incluindo doentes, paralíticos e leprosos, que em virtude de sua doenças e condição física eram expulsos da sociedade.

Textos como o de Lucas 4.18 mostram que Jesus imaginava o jubileu como um programa messiânico, sinal do Reino de Deus. Na prática cristã porém não é fácil definir uma postura ao lado em favor dos pobres. Isto diz respeito à **Missio Dei hoje**. O testemunho do Evangelho, a martyria, é um compromisso com a pessoa toda.

Jesus veio para os necessitados, ele mesmo disse "Vinde a mim vós que estais cansados e oprimidos e eu vos aliviarei". Jesus propositadamente se envolve no meio do povo, vive entre as pessoas, ao ponto de numa das idas ao templo, ainda quando criança afastou dos pais para estar entre o povo.

156

Para um intérprete da lei, ou um Rabi como Jesus era qualificado, isso era uma afronta, devido ao fato de pessoas dessa estirpe se dedicarem apenas ao estudo e à interpretação das Escrituras. Jesus na verdade contradisse toda estrutura de sua época e passou a viver entre os necessitados. Lucas conseguiu captar muito bem a ideia de Jesus, escreveu um evangelho para os pobres e necessitados, aqueles que identificavam suas necessidades com mais facilidade do que os ricos abastados e religiosos de sua época. Essa prática de Jesus tem como objetivo ser um modelo para as lideranças de sua época bem como as futuras, o modelo de liderança para a África, Ásia , Leste da Europa e América Latina deve tomar como ponto e partida o trabalho de Jesus em meio ao povo carente de sua época, visando a ajudar, treinar, despertar e capacitar pessoas.

Jesus tinha seu ministério focado nestas áreas:

Atenção aos marginalizados;

Apoio às crianças;

Atenção aos doentes e famintos;

Libertação aos oprimidos por espíritos malignos;

Luta contra injustiça;

Apoio para líderes e novas lideranças.

Teologia sobre liderança emergente é fazer igual a Jesus, seguir seus passos, copiar seu exemplo e proceder de tal forma que o Reino de Deus seja apresentado para pessoas e o amor de Jesus consiga ser expresso através de nossas atitudes. Um pregador entusiasmado falava em praça pública a um grande número de ouvintes. Como muitas vezes acontece, um escarnecedor ousadamente interrompeu-o dizendo:

" Pregador, se o seu Cristo pode fazer muita coisa como você está dizendo, mas não pode mudar a roupa deste mendigo que está ao seu lado."

O pregador, sem se perturbar, respondeu:

" Realmente, nisto o senhor tem razão. Cristo não vai mudar a roupa deste mendigo ao meu lado, mas Cristo pode mudar o mendigo que está dentro dessa roupa.

"Assim que, se alguém está em Cristo, nova criatura é: as coisas velhas já passaram: eis que tudo se fez novo" (2 Co 5.17)

A partir do evangelho de Jesus, portanto, há uma valorização do outro como pessoa igual. Quebram-se as barreiras de separação entre povos e culturas, classes, religiões e sexo. Judeus e gregos, pagãos e bárbaros, mulheres e homens, crianças, velhos, todas essas diferentes categorias de pessoas têm seu lugar na comunidade cristã por causa do evangelho. Tal novidade, além de ser anúncio de salvação e libertação, significou uma mudança radical no mundo de então. As estruturas patriarcais e senhoriais ficaram expostas e mostraram as sua caducidades.

Jesus vive e propõe o que Deus quer para o homem: todos os povos, raças e nações adorando ao único e suficiente Criador de todas as coisas. Jesus valoriza o ser humano por aquilo que ele é e não por sua classe ou recursos humanos. Em Cristo, Deus demonstra a concretização inicial que começou com os judeus de atrair todos para Ele, só que os judeus, por rebeldia, não cumpriram com o que Deus tinha planejado para seu povo. Por outro lado, percebemos que Deus age na história e faz com que seus planos se cumpram muitas vezes independentemente da obediência ou não do homem.

Paulo demonstrou através de sua pregação que a universalidade do evangelho e da salvação são dádivas (Gl 2. 11-12). A mensagem da justificação é uma mensagem ancorada na gratuidade do amor de Deus, sem pré-requisito religioso, cultural ou moral

(Romanos, Gálatas). Por ser assim, uma conclusão é que a comunidade que professa tal fé jamais pode fechar a porta para ninguém.

O desafio é para essa comunidade é ser instrumento de Deus para que, até o maior criminoso, se for o caso, possa receber a graça de Deus. Trata-se de aprender a vivenciar a "fé de Jesus Cristo" (Gl 2.16). Quem crê, vive pela fé em Cristo. Essa é a paradoxal teologia da justificação de Paulo.

Para finalizar este capítulo passamos a entender que o plano regenerador de Deus para com todos os homens na verdade foi concluído através de Jesus Cristo. Deus em Cristo Jesus conseguiu realizar seu grande plano de revelar-se ao homem e fazer-se conhecido de todos os povos.

O plano ainda não está completo, numa perspectiva escatológica compreendemos que tudo será consumado quando Cristo voltar para buscar sua igreja.

Os mortos em Cristo ressuscitarão e os vivos serão arrebatados, e se encontrarão com Cristo nos ares, Deus será glorificado. Satanás e sua prole serão envergonhados e o nome do Senhor será exaltado por todos os séculos.

Dr. Russel Shedd, desenvolve em seu livro "Seguindo os passos de Jesus" alguns pontos importantes para uma liderança competente. Estarei "interagindo" com o texto do Pastor Shedd. A partir dos pontos citados são sugeridas algumas reflexões. Algumas marcas do líder emergente competente são destacadas.

Ele se preocupa com as pessoas. Trata-as com amor e preocupa-se com elas o que exige o conhecimento de suas vidas, necessidades e ambições. Algo menos que um interesse genuíno pelo rebanho significa que o Pastor é um mercenário (Jo 10.13). Não é raro encontrarmos um ministério que ore diariamente pelos obreiros e membros de sua igreja?

As pessoas são mais importantes do que os projetos, ou até mais do que os resultados pretendidos. O líder deve aprender desde o início de seu trabalho a não trocar as pessoas por objetos ou por projetos. Sem pessoas não existe projeto. Se pensamos em ter planos ousados eficientes para glorificar a Deus, devemos sempre nos lembrarmos da importância de reconhecer o trabalho das pessoas.

M. Rush o expressou bem: "Apagar as velas de seus seguidores não tornara a sua vela mais brilhante, mas quando você usa a sua para acender as deles, você

161

não só lhes fornece luz como também multiplica o brilho da sua própria vela". Guardamos lembranças boas daqueles que nos recrutaram para Deus. A alegria e o entusiasmo deles foram irresistivelmente contagiosos.

Alguns líderes têm comprometido seu ministério (às vezes de grande influência) quando esquecem de que precisam da ajuda dos outros, quando não estão abertos para receber conselhos de outros, quando esquecem de suas limitações e de que depende da capacidade de outros irmãos para alcançar êxitos em suas jornadas.

Outra marca de destaque para uma liderança emergente: O líder emergente tem fortes convicções e entende que deve desempenhar sua tarefa como os trilhos que mantêm firmes um trem guiando-o e dirigindo-o a um destino pré-determinado. Um pastor - missionário e obreiro – deve ter objetivos bíblicos definidos, com sólidas raízes em sua visão da igreja.

O líder emergente não pode esquecer ou desconsiderar sua influência na vida de outros. Precisa ter pessoalmente rumos claros e definidos para que possa ajudar outras pessoas em suas incertezas. Vivemos em uma época de indecisões,

162

muitos vêm e virão até o líder pedir orientações sobre decisões pertinentes à sua vida. Quando o líder é indeciso haverá reflexões em sua liderança. As convicções devem ser bíblicas, firmes e suas bases doutrinárias e teológicas devem ser fortalecidas pela fé e convicção pessoal em Jesus. Queira ou não, em determinados momentos o líder emergente será posto à prova nessas questões (questionamentos a respeito de sua fé, calúnias, distorções a respeito de sua postura, etc.). Sua fé será testada, suas bases doutrinárias serão questionadas e ele deve estar pronto para dar conta de suas convicções e bases da sua fé.

Como diz o apóstolo Paulo: "Procura-te apresentar-te a Deus como obreiro aprovado que não tem do que se envergonhar e que maneja bem a palavra da verdade". Destacando outro aspecto de um líder emergente quando recruta pessoas para participarem do processo de atingir a causa que ele escolheu apoiar. Jesus convenceu os homens a quem chamou para se juntarem a ele na construção de sua Igreja e para mostrar que o Reino valia mais do que qualquer tesouro poderia custar para alcançá-lo.

A responsabilidade deve ser modelo para outros (não que eu o tenha já recebido ou tenha já obtido a

163

perfeição, mas prossigo para conquistar aquilo para o que também fui conquistado por Cristo Jesus). Irmãos, quanto a mim, não julgo havê-lo alcançado; mas uma coisa faço; esquecendo-me das coisas que para trás ficam e avançando para as que diante de mim estão, prossigo para o alvo, para o prêmio da soberana vocação de Deus em Cristo Jesus. Todos, pois, que somos perfeitos, tenhamos esse sentimento; e, se, porventura, pensais doutro modo, também isto Deus vos esclarecerá. Todavia, andemos de acordo com o que já alcançamos. Irmãos, sede imitadores meus e observai os que andam segundo o modelo que tendes em nós. Pois muitos andam entre nós, dos quais, repetidas vezes, eu vos dizia e, agora, vos digo, até chorando, que são inimigos da cruz de Cristo.

O destino deles é a perdição, o deus deles é o ventre, e a glória deles está na sua infâmia, visto que só se preocupam com as coisas terrenas. Pois a nossa pátria está nos céus, de onde também aguardamos o Salvador, o Senhor Jesus Cristo" (Filipenses 3.12,20).

Voltando ao texto, a palavra aqui é *"typos"*! É como se fosse um carimbo! Devemos imprimir ou carimbar a imagem de Cristo nos irmãos. É necessário para servir de modelo. Ter recebido muito de Cristo para poder mostrar. Receber mais e mais de Cristo para poder

164

servir de exemplo a um número cada vez maior de cristãos.

Jesus nos deixou o padrão do verdadeiro relacionamento no discipulado. O segredo do êxito do ministério de Jesus baseou-se em relacionamentos: "Então designou doze para estarem com ele..." (Mc 3. 13,14). O elemento-chave do relacionamento de Jesus com Seus discípulos era a "imitação", o exemplo vivo. Os discípulos aprenderam através de exemplos. O currículo de Jesus era a sua própria vida.

A palavra "imitadores" está no singular, com referência a Paulo. Mas Paulo não estava só, no tocante a ser exemplo de vida cristã para os Filipenses. Havia alguns outros, com Timóteo e Epafrodito, líderes bem conhecidos da igreja em Filipos, que também eram referenciais de vida cristã para aquela comunidade. Mas não há dúvida de que, além desses, havia muitos outros irmãos que faziam parte desse maravilhoso time.

Note o Termo "observais" usando para indicar a ideia de "observar para seguir". Portanto, a igreja local "não pode" ter uma figura pastoral única como padrão (modelo) a ser seguido. É necessário muitos outros irmãos e irmãs piedosos, cujas vidas com Deus sejam exemplos dignos de serem imitados.

O convite de Paulo aos Filipenses a imitá-lo é um desafio à igreja de hoje. Observando a vida de Paulo vemos que ele ensinava às igrejas mediante escritos e ensinos orais. Neste último tipo, ele dava um exemplo vivo que era mais eficaz do que muitas palavras. Paulo estava comprometido pessoalmente com o desenvolvimento das pessoas que estavam sob sua responsabilidade pastoral.

Como seguidores de Cristo, devemos procurar ajudar as pessoas, de nosso relacionamento, a crescerem, de forma pessoal, em três áreas primordiais:

Na sua identidade cristã, como parte da família de Deus;

No seu caráter cristão, refletindo as virtudes cristãs;

Na sua habilidade ministerial, equipando-os para servir.

Um dos problemas da igreja atual é que geralmente se invertem essas prioridades. Quando alguém é batizado ou vem de outra igreja, ou ele fica de "molho" no banco ou o enchemos de tarefas até afogá-lo. Raras vezes se desenvolve nesse novo membro um profundo sentido de família, uma amizade verdadeira. A rigor, viver como família é a base para o novo membro crescer nas qualidades de caráter. Já o caráter cristão, por sua vez, é a base do desenvolvimento das habilidades ministeriais desse membro.

Às vezes, para nos safarmos da responsabilidade cristã de sermos exemplo para outros, damos uma desculpa esfarrapada dizendo "Não olhe para mim, não sou perfeito, Jesus é o nosso único modelo!". Mas não é isso o que Paulo diz no versículo 17.

Pelo contrário, ele foi incisivo: "sede meus imitadores". Ele se coloca como referencial para os Filipenses. Mas quem era o referencial dele? Jesus! "Sede meus imitadores como eu sou de Cristo". (1 Co 11.1). Meu irmão, se você já tem boa caminhada de fé, não está mais no ponto de onde começou então já pode muito bem ser modelo, para aqueles que estão começando essa caminhada.

167

X

PRECISAMOS DE UMA PERSPECTIVA DE DEUS SOBRE MUDANÇAS

Da tribo de Issacar, homens que sabia, como Israel deveria agir em qualquer circunstância...

1 Crônicas 12:32

"Vocês sabem interpretar o aspecto do céu, mas não sabem interpretar os sinais dos tempos." (Mt 16.3). Se nós queremos ter influência sobre as nações, assim como os homens de Issacar, devemos saber interpretar os sinais dos nossos tempos. Até por volta do ano 1500, de acordo com os peritos, a terra era definitivamente plana. Exploradores e navegadores acreditavam que velejar até as margens do mundo significava morte na certa. Cair da superfície habitável significava cair no "outro mundo", onde haviam os dragões e os demônios. Os mapas daquela época eram apropriadamente assustadores. Se esse dogma não tivesse sido contestado, Colombo teria ficado em casa.

A teoria da "terra plana" não era somente a visão científica do planeta, mas também a visão teológica da época. A terra plana era o ponto central da visão doutrinária do Céu e do Inferno. A igreja defendia que o homem era o centro do universo de Deus, o Céu estava em cima e o inferno embaixo. A aplicação dessa verdade era a conclusão de que a terra era plana. Na ausência de mais informações, todos concordavam. Os primeiros cientistas que desafiavam essa ideia foram torturados brutalmente, alguns deles foram executados pela igreja. Não foram vistos

171

apenas como cientificamente errados, mas foram considerados heréticos por desafiarem a autoridade e a Palavra de Deus. Nesse caso, contudo, a igreja e a perspectiva cristã tradicional da época estavam erradas e os cientistas certos. A terra não é plana, mas redonda e quanto mais descobrimos sobre o Universo, os planetas em rotação e a gravidade, "em cima" e "embaixo" se tornam mais expressões figurativas de linguagem do que ideias concretas em nossas percepções.

E o Céu e o Inferno, então? E a centralidade do homem quanto à criação? A Palavra de Deus estava correndo risco de se tornar desacreditada ou ser contestada pelas Ciência e pesquisa? A compreensão do homem quanto ao que Deus quis dizer em sua Palavra foi o que mudou. O homem é o centro da criação, mas não necessariamente em termos geográficos. Céu e Inferno são ambos claramente verdadeiros, mas o seu local ainda é um mistério.

172

O Deus que criou tudo vê tudo e sabe infinitamente de tudo, não se abala quando o nosso entendimento limitado é confrontado e se equivoca. Seu maior desejo é que sempre possamos crescer para nos tornarmos mais semelhantes a Ele. Deus não está em conflito com a verdade, com os fatos ou com qualquer realidade do mundo visível ou invisível, bem como Ele não tem medo de mudanças.

Tudo está mudando, vivemos em uma época em que tudo está constantemente mudando. Depois do ano 2000, foi estimado que durante sua vida uma pessoa irá mudar de profissão em média 4 a 5 vezes. Os engenheiros de hoje reconhecem que a cada 5 anos seus conhecimentos se tornam obsoletos. Os estudantes das universidades de hoje em um ano já foram expostos a mais informações a que seus avós foram expostos durante a vida toda, e 90% da informação necessária para os próximos 5 anos ainda está descoberta. É de assustar, não? Talvez nos assuste, mas não a Deus. Deus não está vivendo uma nova onda de descobertas. Desde o início, Ele sempre soube de tudo. Temos nada a temer com as descobertas e com as informações novas ou velhas, pois os fatos podem apenas revelar a Deus o seu caráter e os seus caminhos. Porém, como seres humanos finitos que somos, as mudanças sempre nos assustam.

Não temas! Imagine-se como um dos israelitas de Moisés. Durante 430 anos, o seu povo viveu no Egito. Durante 400 anos, vocês foram escravos dos Faraós. Há alguns meses, vocês deixaram o Egito e tudo o que vocês possuíam. Agora, estão no meio do deserto, não possuem forma alguma de provisão de alimento e água, não podem voltar ao Egito e não têm ideia alguma do que encontrarão pela frente nessa desconhecida Terra Prometida. Estão experimentando uma mudança completa de paradigma com relação a tudo que sabia a Deus de continuar lembrando a vocês: "não temas", porque Ele está com vocês.

Atualmente, dia após dia, vivemos em meio a esses tipos de mudanças instantâneas. O mundo diariamente sintonizado por microchips, economia global, telescópio Hubble e informação instantânea, o nosso senso de realidade pode se tornar confuso. Quando nossa realidade começa a ser esclarecida, nós nos sentimos inseguros e geralmente insegurança resulta em rigidez e desejo por controle. Quando nos fechamos e nos recuamos a entender as mudanças do nosso mundo, paramos de crescer. O fruto desse medo todo é que perdemos a amplitude da revelação de Deus sobre quem Ele é através do Universo que criou.

174

Ester conseguiu compreender que Deus tinha um plano para a sua nação durante a crise em sua vida. Ela percebeu que as palavras do seu tio Mardoqueu eram verdadeiras: "Quem sabe não foi para um momento como este que você chegou à posição de rainha?" As expressões e as mudanças em sua época tinham um propósito para o Reino de Deus. Ela estava com medo, mas em seu medo buscou a Deus e viu as mudanças acontecendo para a Sua glória no seu povo. Nesses dias de revolução global em que ao que parece é só desastre e perdição, precisamos de um "tio Mardoqueu" para nos dizer que o que vemos em nossos tempos tem um propósito, pois se Deus tardar o fim, e se não for agora, podemos viver no século em que o Reino de Deus pode vir a ter maior influência no mundo em toda a História da raça humana. Vamos buscar a perspectiva de Deus em nossos dias.

Revolução Social Global. Uma maneira de se analisar a evolução das sociedades e culturas humanas é vê-las através de três ciclos principais: o sistema tribal ou feudal, as grandes cidades-estado, e o nosso conceito mais moderno de nações. Sistema Feudal: pratica-mente todas as sociedades humanas foram, um dia, organizadas em torno de algo que se assemelha a uma tribo. Quer seus líderes fossem patriarcas, chefes ou senhores feudais, as comunidades eram definidas e organizadas ao redor da disponibilidade e da posse de terras. Na Europa, isso era chamado de sistema feudal. O cabeça desse sistema socioeconômico era o

175

senhor feudal. Os senhores feudais possuíam as terras Educação, Saúde e os regulamentos para a comunidade. Na prática, uma fazenda ou vilarejo definiam Cidadania e Sociedade. Padres itinerantes viajavam de fazenda em fazenda. Os senhores feudais recrutavam, treinavam e equipavam as tropas militares. Os antigos monarcas europeus dependiam do apoio benevolente dessas tropas pertencentes aos senhores feudais. Durante um século ou mais quase todas as regiões do mundo eram organizadas como instituições tribais assim.

Muitas nações da África e do Oriente Médio ainda são tribos por baixo da aparência de estruturas sociais mais modernas. Essa Era "tribal" é a era que, nas Escrituras, vai de Abraão até os Juízes de Israel. Até o Rei Saul, Israel era um consórcio de 12 tribos muito mal conectadas por meio da liderança de um juiz.

As grandes Cidades-Estado: impulsionadas pelas populações mundiais, a evolução cultural seguiu seu curso e, de um jeito ou de outro, as comunidades da terra se transformaram. O período seguinte no desenvolvimento das estruturas sociais foi caracterizado pelo surgimento das grandes Cidades-Estado, tais como Roma, Atenas, Alexandria, Constantinopla, Babilônia, Hamburgo, Inglaterra e Paris. Esses centros cosmopolitas se tornaram a maneira pela qual passamos a definir nações. Um indivíduo era um cidadão de Roma. Roma construía as estradas, era a sede da Educação e controlava a Economia. Impostos eram pagos e arrecadados por Roma. Esse era o mundo nos dias do missionário Paulo. Paulo era cidadão de Roma e de Jerusalém e essa dupla cidadania lhe foi útil no seu trabalho para o Reino de Deus. As populações continuaram a crescer e, finalmente, excederam as infraestruturas politico-econômicas das cidades-estado, que passaram a ser incapazes de suprir as necessidades de seus constitu-intes, os quais acabaram por se tornarem grandes demais para serem governadas dessa maneira. Mais uma vez a estrutura das nações mundiais começou a mudar.

As Nações Modernas, atualmente, falamos da Itália com sua capital em Roma, da Grécia com uma cidade chamada Atenas. Sabemos que Hamburgo é na Alemanha, que Londres é na Inglaterra, que Constan-tinopla é na Turquia, que Alexandria é no Egito e Paris é na França. As fronteiras geográficas foram criadas e modificadas, vez após vez, até formarem o mundo que conhecemos nos dias de hoje.

Internacionalmente, se nos perguntam de onde somos, respondemos com o nome da nossa Nação. Mesmo que o nosso país ainda tenha tribos, nós nos identificamos primeiro pelo nome da nossa nação. Carregamos nossos passaportes e discutimos Economia Nacional e Sistemas Educacionais. Cantamos Hinos Nacionais e agitamos nossas bandeiras. Temos Constituições e Governos Nacionais e costumamos definir nossas culturas pelos valores e sabores nacionais. Essa é a forma que pensamos hoje. Achamos que é assim que se define uma Nação. Nós nos esquecemos de que esse não é o conceito usado por Deus quando disse á Abraão que faria dele uma nação. Nem era o conceito que Jesus usou quando nos mandou ir às nações.

E as Escrituras ainda nos dizem para discipularmos todas as nações. Aqui vamos nós de novo! As populações estão novamente impulsionando mudanças nas nossas estruturas econômicas e geopolíticas. Hoje, com um crescimento praticamente nulo da população europeia, com uma explosão e recursos na Ásia e as proporções inadequadas entre população e recursos em outras regiões, nosso mundo está novamente mudando suas definições.

Economias Nacionais estão falhando ou se tornando instáveis. Os militares nacionais estão inadequados para proteger. Os sistemas nacionais de Educação não estão preparando a nova geração para a comunidade global em que vivemos. E talvez pela quarta vez na História a Sociedade e as nações estão se reinventando!

A Europa sai na frente com a formação da União Europeia. Não significa que os franceses, os alemães, os ingleses, os portugueses, os italianos, os espanhóis e outros não amem suas nações, culturas, línguas e até suas moedas. Eles amam. Mas seus sistemas nacionais não funcionam mais para a população no nosso mundo de hoje. Eles têm que se remanejarem para se ajustarem à realidade do Século XXI. A Europa não está sozinha. Assim que a União Europeia começou a tomar forma, já se ouvia a falar sobre "as Américas" com os novos tratados e diálogos sobre as economias entre as Américas do Norte e do Sul. Além disso, uma nova palavra surge em nosso vocabulário: a "Australásia". Vemos novos ajustes e colaborações acontecendo no Oriente Médio e os identificamos como o "Mundo Árabe". Discutimos sobre Economia Global, Estabilidade Regional, paz, forças multinacionais e até sobre tribunais internacionais.

179

Muitos se apavoram em face dessas mudanças dramáticas, esquecendo-se de que, tudo isso já aconteceu antes. Alguns começam a pensar no fim do mundo em um só Governo, ao invés de compreenderem que todas as grandes mudanças ocorridas na História têm nos levado nessa direção. Porém, o trabalho da igreja permanece o mesmo: discipular todas as nações. A História pode nos dar um entendimento mais positivo sobre mudanças globais e sobre o tempo em que vivemos. Não somos a primeira geração de cristãos a enfrentar mudanças nos Sistemas Sociais. E se Jesus ainda demorar mais, pode não ser a última.

Mudanças são catalizadores de Deus, mudanças nem sempre serão uma revolução, mas sempre serão catalizadoras. A História nos ensina pelo menos três verdades maravilhosas sobre mudanças:

> Seja qual for o significado de nação em Gênesis, Deus planejava que Suas verdades fossem aplicáveis em todos os tempos e em todas as nações, independentemente de mudanças.

> Grandes mudanças através da História proporcionaram os melhores momentos para se exercer influência.

A Igreja, até certo ponto, encontrou espaço e trouxe as verdades de Deus para influenciar as principais mudanças na História Global.

Nesse século em que pela graça de Deus temos a maior população de cristãos no mundo de toda a História do homem e em que vivemos no que pode ser um dos maiores séculos de mudanças da Histórias do planeta, será que o Corpo de Cristo terá voz? Numa era de mudanças, Calvino nos deu o conceito de Educação Pública, Wilberfoce lutou por Leis e práticas justas de Trabalho, Carey lutou por desenvolvimento econômico, a Cruz Vermelha foi fundada, desenvolveu-se um Código de Ética para o tratamento dos prisioneiros de Guerra, bem como regras de Guerra, de pesquisa científica, além de Leis da Evidência etc.

Essas coisas aconteceram quando homens e mulheres de Deus compreenderam que não podemos controlar as mudanças, mas podemos usá-las. Podemos influenciar as mudanças em direção aos valores e princípios de Deus.

Líderes no mundo estão lutando para encontrar novas definições de guerras justas, protocolo de prisões, leis trabalhistas para as mulheres e crianças, direitos das mulheres, direitos das populações multiculturais, liberdade religiosa, pobreza versus riqueza, do poder do Governo, do equilíbrio de poderes, de questões nacionais versus internacionais.

Vamos deixar o inimigo fazer sua conferência anual dentro de um elevador? Quem é que pode dizer quando será o fim do mundo? Por 2.000 anos, os cristãos vêm pensando que será durante sua vida, incluindo os apóstolos que andavam com Jesus. Mas acabou não acontecendo durante a vida deles, nem no Século deles e nem no Milênio! Sabemos que o fim do mundo virá. Porém Jesus nos adverte para não ficarmos concentrados nisso, mas nos concentrarmos em sermos vigilantes, em sermos sal e luz nos nossos dias, trabalhando até que Ele venha. Se nos últimos 15 anos tivéssemos nos concentrado nisso e discipulado as nações evangelizadas, teríamos transformado a África Sul, os Estados Unidos, o Brasil, a Argentina, o Chile...

O que estamos esperando? Podemos estar vivendo no século mais importante da História da igreja se:

Compreendermos o Deus completo da Bíblia completa;

Compreendermos o compromisso de Deus com toda a Sociedade e todas as nações;

Ignorarmos nosso medo de mudança e abraçarmos os dias de hoje como uma grande oportunidade para o impacto do Reino de Deus;

Pararmos de ficar observando a influência do Mal e nos entregarmos por completo à influência do Bem.

Será que se nós, o Corpo de Cristo, fizermos o nosso trabalho com a mentalidade de Deus, o inimigo não terá diminuído sua influência a ponto de ter tão poucos seguidores, que poderá fazer sua conferência anual dentro de um elevador?

XI

ASPECTOS FUNDAMENTAIS SOBRE MISSÕES

*Pois também eu te digo que tu és Pedro e sobre esta pedra
edificarei a minha igreja, e as portas do inferno não
prevalecerão contra ela*

Mateus 16:18

O CONSOLIDANDO A IGREJA DO SENHOR

s crentes em Jesus Cristo devem estar unidos, atentando para o ensino bíblico segundo o qual há somente um corpo e um Espírito (Ef. 4. 4). Em sua oração sacerdotal, o Senhor Jesus intercedeu junto ao Pai para que seus discípulos fossem um assim como Ele e o Pai são um (Jo 17. 11). Em João capítulo 10, versículo 16, o Senhor Jesus mostra como chegaria um tempo em que haveria um só rebanho e um pastor. Durante muito tempo Igrejas evangélicas e pentecostais se contentaram com uma uma teologia "otimista", embora desmentida pela realidade, que afirma que essa unidade da Igreja não era visível mas era uma realidade diante de Deus, o que seria suficiente para atender o desejo de unidade do Senhor. Mas a Palavra de Deus nos ensina que a unidade do Espírito é algo que também depende do esforço dos cristãos,"... esforçando-vos diligente-mente por preservar a unidade do Espírito no vínculo da paz" (Ef 4.3).

A esse respeito, verifica-se que o Conselho Mundial de igrejas, criada em 1948 por líderes cristãos com o

187

objetivo de promover a união entre várias denominações cristãs, embora buscando teoricamente atender a esse objetivo, não alcançou seu propósito por dois motivos principais:

> Falta de entendimento de que a verdadeira unidade só é possível entre os cristãos que creem e praticam a Palavra de Deus, não podendo incluir aqueles que a negam pela sua prática. Por exemplo, igrejas que praticam a idolatria, condenada nas Escrituras, ou que colocam uma tradição qualquer no mesmo nível que a Palavra de Deus.

> Falta de compreensão de que a forma de unidade que o Senhor Deus deseja é espiritual, conforme o Senhor Jesus claramente afirmou na oração que fez ao Pai em João 17. O objetivo do Senhor não era uma unidade eclesiástica, institucional ou oficial.

Nos últimos anos, contudo, o Espírito Santo tem despertado os verdadeiros cristãos e que compreendem o valor da Escrituras Sagradas, para a necessidade de buscar a unidade que o Espírito Santo está promovendo no momento atual que precede de perto o arrebatamento da Igreja de Cristo. Em todo o mundo encontram-se atualmente igrejas e líderes que têm sido despertados pelo Senhor para buscarem a verdadeira unidade, promovida pelo Espírito Santo. Ainda não podemos afirmar com segurança como o Espírito Santo alcançara essa unidade. Devemos, no entanto, estar abertos para o que o Senhor revelar sobre esse assunto, sendo obedientes ao que o Espírito Santo já nos tem revelado.

Já sabemos, por exemplo, que devemos buscar uma aproximação com todas as Igrejas e líderes cristãos que creem apenas na Bíblia como única regra de fé e prática e que estão sendo sensibilizados pelo Espírito Santo para a importância da unidade.

Dessa forma, poderemos conhecer esses outros irmãos, sua fé, sua experiência e suas necessidades, podendo, então, começar a orar uns pelos outros. À medida que estivermos orando uns pelos outros, o Espírito Santo estará derramando em nossos corações o amor de Deus por esses irmãos e passaremos a não sobrevalorizar as pequenas diferenças existentes entre nós em matéria de prática (costumes, cerimô-nias, formas de louvar etc). Por outro lado, a comunhão surgirá principalmente como resultado de as igrejas passarem a ouvir a voz do Senhor Jesus Cristo (Jo 10. 16) e a se submeterem na prática (não

189

apenas na teoria) ao Governo do Senhor Jesus. Caberá apenas ao Senhor, quando e se quiser, começar a nos esclarecer sobre essas diferenças. Temos que confiar na Sua operação miraculosa nesse campo tão delicado que é a Consolidação da Igreja. De outra forma, jamais prosperaremos no caminho da Consolidação.

Senhor se comunica com sua igreja

Deus sempre se comunicou com Seu povo, tanto com Israel, no Velho Testamento, quanto com Igreja primitiva de Atos dos apóstolos, no Novo Testamento. Ao longo da história da Igreja, igualmente, lemos a respeito de manifestações dos Atributos de Deus, por meio dos quais o Senhor falou ao seu povo.

Ainda hoje o Senhor se comunica com a Sua Igreja fiel, com as Igrejas que creem na Palavra de Deus e se submetem ao Senhorio do Senhor Jesus Cristo. As manifestações do Espírito Santo por meio de dons espirituais, contudo, sempre esteve à disposição da igreja fiel, ou seja, a Igreja que vive em santificação, obediência, evangelização, fazendo missões e servindo aos irmãos, não se conformando com este mundo, mas se renovando continuamente. Em contrapartida, a Igreja acomodada ao mundo, ao pecado e à carne não pode experimentar a manifestação da Glória de Deus através da operação dos dons espirituais.

Quando o senhor deu início ao grande derramamento do Espírito Santo no início do movimento pentecostal, seguiram-se manifestações de dons espirituais, da mesma forma que a Igreja primitiva experimentara. O Senhor passou não apenas a curar e a operar sinais confirmavam a pregação da Palavra de Deus(Mc 16), mas também a se comunicar com seu povo por meio dos dons espirituais previstos pelo profeta Joel quando profetizou a respeito do grande derramamento do Espírito Santo que ocorreria nos últimos tempos (Joel 3). O Senhor começou, então, a dirigir Seu povo e a orientar Suas Igrejas ao redor do mundo. inclusive nas Américas, Oceania, África, na Europa e na Ásia.

Durante o período em que o regime comunista controlou os países que constituíram a antiga União Soviética, a Igreja perseguida sempre contou com extraordinárias manifestações do Senhor Jesus por meio do pode de Deus. O Senhor aconselhava Seu povo, revelava o que as Igrejas deveriam fazer em momentos difíceis, sendo frequentes as manifestações através da direção de Deus para as Igrejas destinadas a expressar a vontade de Senhor Jesus de forma clara e inteligível. Dessa forma começou o movimento pentecostal no Brasil. O Senhor Jesus Cristo se comunicou por meio de dons espirituais com os missionários suecos Daniel Berg e Gunnar Vingren, revelando que deveriam deixar os Estados Unidos, onde residiam, com destino ao Pará, no Brasil, onde passariam a viver e a anunciar o Evangelho das Boas Novas, inclusive o batismo com o Espírito Santo, que eles haviam recentemente experimentado.

> O que despertou a Igreja em Antioquia a fazer missões?

Em Atos 13, o horizonte de Lucas se alarga, pois o nome de Jesus seria maciçamente testemunhado além da Judeia e Samaria. A partir de Antioquia chegaria aos confins da terra.

OS DOIS DIÁCONOS EVANGELISTAS PREPARARAM O CAMINHO

Estevão, através de seu ensino e martírio, Filipe, através de sua evangelização ousada junto aos samaritanos e ao etíope. O mesmo efeito tiveram as duas principais conversões relatadas por Lucas, a de

Saulo, que também fora comissionado a ser apóstolo dos gentios e a de Cornélio através do apóstolo Pedro. Evangelistas anônimos também pregaram o evangelho aos "helenistas" em Antioquia. Mas sempre a ação esteve limitada à Palestina e à Síria. Ninguém tinha a visão de levar as boas novas às nações além mar, apesar de Chipre ter sido mencionada em Atos 11.19. Agora, finalmente, vai ser dado esse passo significativo.

A população cosmopolita da Antioquia se refletia nos membros de sua igreja e até mesmo em sua liderança, que consistia em cinco profetas e mestres que moravam na cidade. Lucas não explica a diferença entre esses ministérios, nem se todos os cinco exerciam ambos os ministérios ou se os primeiro três eram profetas e os últimos dois eram mestres. Ele só nos dá os seus nomes. O primeiro era Barnabé, que foi descrito como "um levita, natural de Chipre" (At 4.36). O segundo era Simeão, que tinha o sobrenome de Níger, que significa Negro, provavelmente um africano e supostamente ninguém menos que Simão Cirene, que carregou a cruz para Jesus. O terceiro era Lúcio de Cirene e alguns conjecturam que Lucas se referia a si mesmo, o que é muito improvável, já que ele preserva seu anonimato em todo o livro. Havia também Manaém, em grego chamado o "syntrophos" de Herodes o Tetrarca, isto é, de Herodes Antipas, filho de Herodes o Grande. A palavra pode significar que Manaém foi "criado" com ele de forma geral ou mais especificamente que era seu irmão de leite. O quinto líder era Saulo. Esses cinco homens simbolizavam a diversidade étnica e cultural de Antioquia e da própria Igreja.

Foi quando eles estavam "servindo ao Senhor e jejuando" que o Espírito Santo lhes disse: "separai-me agora a Barnabé e a Saulo para a obra a que os tenho chamado" (At 13.2). Algumas perguntas precisam ser respondidas. A quem o Espírito Santo revelou a sua vontade? Quem eram "eles", as pessoas que estavam jejuando e orando? Parece-me improvável que devamos restringi-los ao pequeno grupo dos cinco líderes, pois isso implicaria em três deles serem instruídos acerca dos outros dois. É mais provável que se referia aos membros da Igreja como um todo, já que eles e os líderes são mencionados juntos no versículo 1 de Atos 13. Também em (Atos 14. 26-27), quando Paulo e Barnabé retornam, prestam conta a toda a Igreja por terem sido comissionado por ela. Possivelmente Paulo e Barnabé já possuíam anterior

Qual o conteúdo da revelação do Espírito Santo à Igreja em Antioquia?

convicção do chamado de Deus e esta verdade foi aqui revelada para toda a igreja.

Foi algo muito vago e possivelmente nos ensina que devemos nos contentar com as instruções de Deus para o dia de hoje. A instrução do Espírito Santo foi: "separai-me agora a Barnabé e a Saulo para a obra a que os tenho chamado", muito semelhante ao chamado de Abrão: "vai para a terra que te mostrarei". Na verdade em ambos os casos o chamado era claro mas a terra e o país, não. Precisamos observar também que tanto Abrão como Saulo e Barnabé precisariam, para obedecerem a Deus, darem um passo de fé.

Como foi revelado o chamado de Deus?

Não sabemos. O mais provável é que Deus tenha falado à Igreja através de um de seus profetas. Mas seu chamado também poderia ter sido interno e não externo, ou seja, através do testemunho do Espírito em seu corações e mentes. Indepen-dente de como o receberam, a primeira reação deles foi a de orar e jejuar, em parte, ao que parece, para testar o

195

chamado de Deus e em parte para interceder pelos dois que seriam enviados. Notamos que o jejum não é mencionado isoladamente. Ele é ligado ao culto e à oração, pois raras vezes, ou nunca, o jejum é um fim em si mesmo. O jejum é uma ação negativa em relação a uma função positiva. Então jejuando e orando, ou seja, prontos para a obediência, "impondo sobre eles as mãos os despediram". Isso não era uma ordenação ao ministério muito menos uma nomeação para o apostolado já que Paulo insiste que seu apostolado não era da parte de homens, mas sim uma despedida, comissionando-os para o serviço missionário.

Quem comissionou os missionários?

De acordo com (At 13.4). Barnabé e Saulo foram enviados pelo Espírito Santo que anteriormente havia instruído a igreja no sentido de separá-los para ele. Mas de acordo com o versículo seguinte foi a igreja que, após a imposição de mãos, os despediu. É verdade que o último verbo pode ser entendido como "deixou-os ir", livrando-os de suas responsabilidades de ensino na igreja, pois às vezes Lucas usa o verbo "adulou" no sentido de soltar. Mas ele também o usa no sentido de dispensar. Portanto creio que seria certo dizer que Espírito os enviou instruindo a igreja a fazê-lo e que a igreja os enviou, por ter recebido instruções do Espírito. Esse equilíbrio é sadio e evita ambos os extremos. O primeiro é a tendência para o individualismo pelo qual uma pessoa alega direção pessoal e direta do Espírito sem nenhuma referência à igreja. O segundo é a tendência para o institucionalismo, pelo qual todas as decisões são tomadas pela igreja sem nenhuma referência ao Espírito.

Não há indícios para crermos que Saulo e Barnabé eram voluntários para o trabalho missionário. Eles foram enviados pelo Espírito através de igreja. Portanto cabe a toda a igreja local, e em especial aos seus líderes, ser sensível ao Espírito Santo, a fim de descobrir a quem ele está concedendo dons ou chamado. Chamado missionário não é um ato voluntário, é uma obediência à visão do Senhor. Assim precisamos evitar o pecado da omissão ao deixarmos de enviar ao campo aqueles irmãos com clara convicção de que foram chamados por Deus, bem como a precipitação de o fazermos com outros que possuem os dons para tal, mas sem confirmação do Espírito à igreja. O equilíbrio é ouvir o Espírito, obedecê-lo e fazer da igreja local um ponto de partida para os confins da terra.

Os desafios da missão integral da Igreja.

Os desafios sociais da Igreja não são poucos e nem pequenos os problemas sociais. A igreja tem desafios enormes nessas áreas. Porém, de início é preciso que encaremos com seriedade e maturidade o dilema de até onde podemos e devemos nos envolver nestes desafios. A igreja não deve se esquivar de sua missão integral. Embora reconciliação com o homem não seja reconciliação com Deus, nem ação social, evangelização, missões, nem libertação política, salvação, afirmamos que evangelização, missões e o envolvimento sócio político são ambos partes do nosso dever cristão. É preciso sim que a Igreja seja a consciência da sociedade e a voz profética que denuncia os desmandos desta mesma sociedade. Não devemos, como Igreja de Cristo, partir para a ignorância e violência, mas podemos e devemos fazer confrontações sociais sérias.

"Confrontação não é violência." Robert C. Linthicum

Há muita confusão sobre a natureza da confrontação e da violência. Confrontação é simplesmente a atividade entre seres humanos na qual eles discordam, e devido a esta discordância estão desafiando uns aos outros. A palavra significa literalmente "testa-a-testa" – isto é, as testas colocadas fisicamente uma contra a outra. É um encontro face a face, direto, procurando o fim da resolução. Por outro lado, violência é o exercício da força física, a fim de ganhar uma disputa. Enquanto a confrontação é verbal, a violência é física. De uma forma mais profunda, essas palavras não são sinônimas, e sim antônimas, pois em sua própria natureza um ato de violência é a indicação de que a confrontação falhou. A combinação boa e eficaz nunca deve levar à violência, mas à resolução do problema.

É nesse espírito de verdade e de confrontação que a Igreja deve encarar seus desafios sociais, com propostas terapêuticas para uma sociedade enferma. Portanto, empenhemos-nos pela dignidade. Reivindiquemos, pois, os seus e os nossos direitos: saúde, segurança, educação, trabalho e salário digno. E até onde podemos e devemos ir nesta questão toda? Até onde os direitos sejam verdadeiramente assegurados, a amar ao próximo evidenciado, a moral dignificada, o evangelho e o bom testemunho não sejam prejudicados e, sobretudo, o nome de Jesus seja glorificado.

O governo tem (e como tem!) suas culpas e responsabilidades, mas não podemos ficar indiferentes ao que ocorre em nossa volta, simplesmente criticando por criticar o governo. Pesa (e como pesa!) sobre o povo de Deus também a responsabilidade pelo bem-estar social de um país.

Os desafios eclesiásticos da Igreja.

Certamente um dos maiores desafios da Igreja na atualidade é vencer seus próprios desafios. Os desafios sociais da Igreja não são combatidos e vencidos como deveriam porque falta vontade eclesiástica por parte da mesma. Ou porque a liderança não se empenha, ou porque os liderados não se envolvem na obra. O certo é: Se não chegamos a um consenso; se não juntarmos forças, jamais sairemos do lugar comum. Continuaremos marcando passo, salgando a nós mesmos e iluminando nossos umbigos.

Uma lição é preciso aprender com a igreja de Jerusalém.

A igreja de Jerusalém estava consciente de sua missão no mundo. Era uma igreja unida em seus propósitos e se amava de verdade. Internamente ela estava pegando fogo, desejosa de pregar o evangelho, em obediência ao mandado de Cristo. Porém, externa-mente eram humanamente insuperáveis. Pilatos, Herodes e muita gente se levantaram contra a Igreja de Deus. Então a Igreja orou: "agora, Senhor, olha para as suas ameças e concede aos teus servos que anunciem com toda a intrepidez a tua palavra, enquanto estendes as mãos para fazer curas, sinais e prodígios por intermédio do nome do teu santo Servo Jesus" (At 4. 29,30).

> E Deus atendeu ao clamor de sua igreja.
> Atos 4:31

Atendeu porque a Igreja deixou de lado seus próprios interesses para servir ao mundo. Hoje, o que muito se vê em uma igreja local é a própria igreja criando obstáculos para não fazer a obra do Senhor. Externa-mente desfruta-se de uma liberdade religiosa como nunca se viu, mas internamente muito de nossas igrejas estão enfermas, quando na verdade eram elas que deveriam estar curando! A seguir daremos duas sugestões práticas para que esse quadro sombrio possa se reverter.

> Responsabilidade da missão integral da Igreja.

As responsabilidades que aqui abordaremos não deixam de ser verdadeiros desafios para a igreja, porém entendemos que esses desafios são res-

201

ponsabilidades naturais para uma igreja que queira verdadeiramente cumprir sua missão integral.

A revisão de estruturas não funcionais.

O que muito tem contribuído para um mau desempenho da Igreja em sua missão integral é a falta de estrutura para que funcionem. Estruturas enrijecidas pelo tradicionalismo matam ou impedem a visão de uma igreja.

A quebra de paradigmas é uma das coisas fundamentais para que a estrutura de uma igreja se torne funcional. às vezes é preciso muita coragem para mudar certos parâmetros que já não funcionam mais. À primeira vista parece fácil mudar aquilo que se tornou obsoleto, mas não é tão simples assim. Antes é preciso mudar a mentalidade dos acomodados e principalmente dos saudosistas, daqueles que confundem inovação com inovacionismo, tradição com tradicionalismo. O que está "matando" muito crente novo (e velho também) é a igreja não-funcional, que se limita a suas atividades internas, fechadas em quatro paredes. Contudo, por uma questão de prudência e respeito àqueles que não pensam como nós, é preciso que os paradigmas sejam quebrados aos poucos. As ideias devem ser amadurecidas no meio da comunidade, sem atropelos, mas progressivamente. Se a igreja não comprar a nossa ideia, não será por meio de decreto conciliar que conseguiremos qualquer êxito. Um diálogo franco, aberto e amigável é a chave do sucesso.

A renovação do compromisso missionário.

Aquelas igrejas que um dia receberam orientação missionária, se não forem constantemente lembradas daquele compromisso, rapidamente minguarão. E como revitalizar uma igreja que começou com tanto entusiasmo por missões e de repente esfriou? Em primeiro lugar é preciso conscientizar a igreja de sua missão no mundo. Em segundo lugar é preciso conscientizá-la de que ela está no mundo para servir o mundo integralmente. Se a igreja chegou a se empolgar com missão algum dia é sinal que ela tem potencial para fazer, com a graça de Deus, o que fez antes. Sermões e estudos bíblicos missionários, filmes específicos como "As Primícias", "Etal" e "Atrás do Sol", além do auxílio de uma boa agência ou junta missionária, com certeza produzirão novo alento. Geralmente a frieza por missões acontece por causa da rotina. Uma vez que o mal foi

203

detectado é necessário que seja combatido com atividades variadas.

> O mais importante é que a igreja seja certificada de que sua missão no mundo é integral.

Evangelizar e fazer missões não é simplesmente distribuir folhetos como alguns pensam, mas sim, atender o indivíduo na totalidade de suas necessidades. Por isso mesmo, a igreja nunca deveria se deixar levar pela prática do paternalismo e assistencialismo paliativos, porém deveria partir sempre para uma ação social transformadora, do indivíduo e da sociedade, para a honra e glória de Deus Pai. Cada igreja deve refletir sobre sua motivação em praticar evangelismo, missões e ação social, e todas as atividades nessas direções devem estar debaixo do serviço a Deus em primeiro lugar. O ponto de partida é o parâmetro bíblico e o contexto da igreja local.

> A missão integral da Igreja é basicamente evangelização, missões e ação social.

Dizemos "basicamente" porque a missão integral da Igreja é, na verdade, universal. Abrange vários aspectos fundamentais de missão. Evangelizar e Missões são suas qualidades primordiais. A igreja que troca a evangelização e missões por qualquer outra responsabilidade social está fora de propósito e, portanto, descaracterizada como igreja de Jesus Cristo. Por outro lado, que nenhuma igreja pense ser mais espiritual porque optou pela evangelização. Concordamos que uma igreja possa fazer uma opção temporária entre evangelizar e assistir ao necessitado, mas nunca uma opção permanente.

> A verdadeira espiritualidade do povo de Deus se expressa em sua integralidade.

A mesma igreja que proclama as boas novas do reino deve ser a mesma que estende a mão ao necessitado. Missão integral é uma realidade bíblica. Os mitos não fazem sentido quando são resultados baratos de um reducionismo evangélico, polarização entre evangelização e ação social, e quando se deixa de contemplar o indivíduo em sua totalidade. Os mitos (pelo menos os que aqui estudamos) deturpam a missão integral da igreja. Se queremos atentar para o ensino bíblico, então devemos almejar por uma igreja autêntica, que não seja ela mesma um mito, mas a realidade bíblica de uma missão integral em nossa sociedade.

Qual o conceito de missão?

Existe hoje uma confusão generalizada no meio de cristãos a respeito do conceito do que é missão. Assim como antigamente, hoje se convencionou chamar missão. Ora, se tudo é missão, nada é missão, diz Stephen Neill. Tentar definir missão não é tarefa fácil. É claro que houve uma evolução natural do termo ao ponto de "missão" incluir tudo, porém sem se identificar com esse todo. Por exemplo, missão não é sinônimo de evangelismo, pois se tudo que a igreja fizer for chamado de evangelismo, então nada é realmente evangelismo.

No dizer de John Stott, "missão" significa atividade divina que emerge da própria natureza de Deus". Foi o Deus vivo quem enviou seu filho unigênito Jesus Cristo ao mundo, que enviou por sua vez os apóstolos e a igreja. Enviou também o seu Espírito Santo à Igreja e hoje envia aos nossos corações.

Daí, surge a missão da Igreja como resultado da própria missão de Deus, devendo aquela ser modelada por esta. Para que todos nós entendamos a natureza da missão da Igreja, precisamos entender a natureza da missão do Filho. Não podemos pensar em missão como um dos aspectos do ser Igreja, um

206

departamento, mas como afirma o Dr. J. Andrew Kirk, " a Igreja é missionária por natureza ao ponto de que se ela deixa de ser missionária, ela não tem simplesmente falhado em uma de suas tarefas, ela deixa de ser Igreja". Para nós, entretanto, não nos resta outra opção a não ser entender a luz do ministério de Jesus. O que implica em dizer que missão é ser enviado; "Assim como o Pai me enviou, eu também vos envio a vós" (Jo 20.21). Primeiramente ao mundo. Johannes Blauw, em a Natureza Missionária da Igreja, diz que "Não há outra Igreja, que não a Igreja enviada ao mundo". Fomos enviados para que nos identifiquemos com outras pessoas, pois de fato o que Jesus fez foi se identificar conosco assumindo nossos pecados, experimentando nossa fraqueza, sendo tentado e morrendo a nossa morte. Somos enviados por Cristo para encarnar as necessidades das pessoas, necessidades espirituais e materiais num mundo cada vez mais hostil.

Em segundo lugar, se compreendermos a missão de Jesus Cristo corretamente, vamos descobrir que ele veio ao mundo também com a missão de servir. Charles Van Enger, ao citar Dietrich Bonhoeffer, diz: "a Igreja existe para a humanidade no sentido de ser o corpo espiritual de Jesus Cristo e – a semelhança de

207

Jesus Cristo – é enviada como serva". Mc 10. 45 diz que "o próprio Filho do homem não veio para ser servido, mas para servir e dar a sua vida em resgate por muitos". A nossa missão como a dele deve ser uma missão de serviço. Quero dizer com um texto de John Stott: "Missão, antes de tudo, significa tudo aquilo que a Igreja é enviada ao mundo para fazer". Sendo que na sua caminhada ela deve mostrar a vocação da sua missão que é ser enviada ao mundo para ser Sal da terra e enviada ao mundo para que lhe sirva de luz do mundo.

A sensibilidade de missões.

Parece claro a todos nós que a igreja do chamado terceiro mundo tem tido e terá uma grande uma grande e importante participação no avanço do Evangelho em termos mundiais nesse novo milênio. Não podemos negar que houve uma vasta mudança no centro de gravidade em missões e que agora possuímos uma nova agenda. Cristãos vindos da Ásia, África, e América Latina para a Europa ficam impressionados e até mesmo chocados com o declínio do cristianismo nesse continente. Em geral, eles encontram um cristianismo apologético e ansioso para assegurar a todos que eles não querem impor a sua fé sobre ninguém. Isso acontece ao mesmo tempo em que testemunhamos um vibrante crescimento da Igreja de Jesus Cristo, jamais visto na história, especialmente no chamado terceiro mundo. Patrick Johnstone, quando fala sobre o crescimento dos evangélicos nos últimos quarenta anos, ressalta que esse crescimento tem acontecido predominantemente nas partes mais pobres do mundo. Citando a América Latina e o que tem acontecido em nosso continente, especialmente na década de 70, nos faz sentir que vivemos num verdadeiro tempo de Deus (Kairos). Tempo esse que com certeza nenhum de nós quer perder. Continuando ele declara que "existem mais evangélicos no Brasil do que em toda a Europa", o que deveria ser motivo de alegria, mas quando pensamos no velho continente e o que ele significa para todos nós hoje, não só como berço da Reforma Protestante mas também em termos missionários, sem dúvida alguma sentimos a grande responsabilidade que pesa sobre todos nós. Porém, quando no meio de todo esse processo, começamos a refletir em nossa participação e em como podemos contribuir com a obra missionária como um todo, logo vamos nos deparar com algumas realidades desfavoráveis. Elas denunciam nossas fraquezas, inabilidades e falta de poder político e econômico para abrir o caminho à nossa frente. Pois essa foi uma das alavancas impulsionadora do Cristianismo em direção ao chamado terceiro mundo no passado. David J. Bosch, menciona o fato de que "era natural para as nações do ocidente argumentar que aonde quer que o poder delas fossem a sua religião também tinha que ir".

Não podemos esquecer que somos um Continente marcado pela instabilidade política e que também vive sob o signo da instabilidade econômica. Nem tão pouco devemos esquecer que quanto ao nosso contexto social estamos mais para recipientes do que para doadores. Além do mais no que diz respeito a missões, como disse Newbigin, que mesmo vivendo em um mundo globalizado ainda possuímos uma mentalidade paroquial. Indubitavelmente, esse é um quadro que tem profundas implicações em nosso fazer missionário.

Creio que até podemos dizer que essa é realmente uma das fraquezas de missões a partir do chamado terceiro mundo e também um dos nossos pontos mais vulneráveis. Segundo a Revista Mission Frontiers, citando estudo feito pela Word Evangelical Fellowship Mission Comission, falando sobre a América Latina, diz que entre as causas de atrito indesejável que acontecem anualmente com missionários no campo fazendo-os voltar ao país de origem, são encontradas basicamente fatores que alistados por eles são:

Treinamento inadequado;

Falta de sustento financeiro;

Falta de compromisso;

Fatores pessoais como autoestima, estresse e problemas com colegas;

Todos esses aspectos refletem um pouco daquilo que somos enquanto igreja neste momento histórico e do nosso envolvimento com missões mundiais.

Talvez devêssemos concordar com alguns que pensam que neste exato momento de nossa história não estamos amadurecidos o suficiente para participar em tal projeto ou mesmo nos questionar. Será que podemos, enquanto igreja do mundo pobre, fazer Missão?

Penso que deveríamos fazer algumas considerações que talvez venham a nos ajudar em nossa reflexão. Segundo Antônio Carlos Barros, devemos lembrar que até mesmo todos esses fatores que pesam contra nós, acabam se tornando um positivo em nosso fazer missionário. Dizendo ele que uma das razões pelas quais as igrejas do chamado terceiro mundo não poderiam imitar as igrejas ricas do primeiro mundo se dá justamente por causa da sua pobreza. Também citando, no mesmo artigo, René Padilha quando afirma que as nossas igrejas continuam a ser, de uma maneira geral, as igrejas dos pobres e as igrejas para os pobres.

Creio que é exatamente para dentro desta dimensão que deveríamos nos mover e refletir a nossa ação missionária, enquanto igreja do terceiro mundo. Se torna fundamental para nós neste momento, não só entendermos o papel que temos que desenvolver em nossa missão, mas como também buscar uma compreensão mais clara da natureza e origem da missão que nos alcançou. *A priori,* este é um chamado para entender de onde viemos e para onde estamos indo em nossa caminhada. Primeiramente, creio eu que devemos entender que Missões é um ato da Soberania de Deus.

Não é pelo fato de não pertencermos ao chamado primeiro mundo que devemos nos privar do privilégio de fazer Missões.

> Não é o quanto possuímos ou o que temos sobrando que conta.

Nem mesmo o poder, seja ele econômico ou político, deve nos motivar em nosso envolvimento em missões, pois foi em aparente fraqueza, debilidade e pobreza que a salvação de Deus chegou até nós. Foi exatamente isso que Isaías expressou quando pintou o quadro da fraqueza e debilidade do Servo Sofredor. A mensagem parecia tão absurda e sem sentido para aqueles que a ouviam, que ele diz: "Quem deu crédito à nossa mensagem". Como podiam crer que o Deus criador de todas as coisas, que havia mostrado os seus atos salvíficos de modo tão poderoso, podia manifestar uma tão grande salvação morrendo daquela forma? Quem na verdade queria se associar com essa figura sem expressão e sem poder algum, que parecia incapaz de salvar-se a si mesmo? Quando ele descreve o Salvador, diz que "...Não tinha parecer nem formosura; e olhando nós para Ele, nenhuma beleza víamos, para que o desejássemos". O que fica implícito no texto é que foi através da fraqueza do servo que a salvação de Deus, não só se tornou possível, mas como também se manifestou.

Paulo mais tarde usa Isaías como base para fundamentar a mensagem das Boas Novas. Ele afirma que aquilo que aparentemente era sensível se revelou em uma tremenda demonstração do poder de Deus e consequentemente todo aquele que põe sua confiança Nele tem salvação. Creio que o ponto aqui é exatamente o fato de que Deus, para alcançar seus propósitos usa aquilo que aparentemente é sensível para revelar a sua salvação aos povos. "Deus em sua soberania escolhe as coisas vis deste mundo, e as

213

desprezíveis, e as que não são, para aniquilar as que são; para que ninguém se glorie perante ele". Foi assim que em meio ao aparente fracasso Deus manifestou salvação a toda a humanidade, com poder ao ressuscitar Jesus Cristo de entre os mortos.

> Em segundo lugar, devemos entender que Missões é um ato de fé.

Era para isso que Isaías queria chamar nossa atenção quando afirma "... O teu Deus reina". Essa foi a mensagem das Boas Novas anunciada por ele, mesmo antes de falar sobre o Servo Sofredor (Is 53). Israel, enquanto povo de Deus, não entendeu que aquele que o chamou de entre os povos estava no controle de todas as coisas. Ele reina e os seus propósitos serão efetivados e somente Ele vai ser glorificado e honrado por isso. O chamado é para Israel confiar em Deus, crer que para Ele tudo é possível. Em nossa caminhada missionária não devemos nos esquecer de que Ele reina e que está no controle, e que qualquer projeto missionário é viável porque Ele reina. Quem de nós cria que alguns anos atrás a cortina de ferro viria abaixo e que as portas da Rússia se abririam para o Evangelho?

Quem acreditaria que o Evangelho sobreviveria na China comunista após a expulsão de todos os missionários? Independentemente das circunstâncias, Deus está no controle. A nossa certeza tem que estar naquele que, como disse João Batista, "...até destas pedras Deus pode suscitar filhos a Abraão.

Mesmo em aparente fraqueza e debilidade, a igreja do chamado terceiro mundo deve crer que aquele que reina tem um chamado para meu povo independentemente de sua condição econômica, política ou social. Ele a está chamando não por causa da força ou poder que ela porventura possua em si mesma. Ele a está chamando para que ande em obediência e fé, não olhando o tamanho de nossa Igrejas ou mesmo estar preocupados com a situação econômica e política do nosso país, que nos enfraquece. Creio que é exatamente nesse contexto que Deus encontra o ambiente ideal para demonstrar o seu poder. O que cabe a nós é simplesmente sermos fieis. Entregar a Ele nossos talentos, recursos e energia como conhecimento de que Ele reina. Para assim cumprirmos nosso papel no mundo.

O que resta então para nós, a luz do que foi dito acima, é pensar em como tudo isso pode afastar, de maneira prática a nossa expressão missionária no mundo, enquanto igreja dos pobres. Pensar em como podemos caminhar, mesmo em aparente fraqueza, em obediência ao chamado de Deus. Primeiramente, penso que deveríamos fugir da tentação de ver missões como resultado de um mandato que pesa sobre nós enquanto Igreja. Abordando esse assunto Lesslie Newbigin diz que existe uma longa tradição

215

que vê a missão da Igreja primariamente como obediência a um mandato. Continuando ele diz: "mesmo que esse venha a ser o caso, isso faz com que a tarefa missionária seja encarada muito mais como um fardo do que como uma expressão de alegria". Muito como parte da Lei do que da Graça de Deus. Missões no início da Igreja Cristã acontece primariamente como uma explosão de alegria daqueles que tiveram um encontro pessoal com Jesus Cristo. Mais tarde, daqueles que descobrem que Jesus está vivo e que são impulsionados a contar aos outros esse fato extraordinário que não podia se escondido.

Essa é uma das características da Igreja do chamado terceiro mundo, que deveria ser preservada em nossa caminhada missionária. Muitas igrejas têm crescido ou são plantadas como fruto do esforço daqueles que, tendo sido alcançados por Deus, se sentem impulsionados pelo desejo de compartilhar alegremente as Boas Novas com suas famílias, vizinhos, amigos e parentes.

> Este é um dos aspectos que temos para contribuir enquanto igreja obediente.

O simples fato de querer alegremente compartilhar com outros as Boas Novas sem constrangimentos nos leva a ser efetivos em missões.

Em segundo lugar, creio que a nossa sensibilidade nos leva inevitavelmente a uma interdependência, ou seja, dependemos uns dos outros para a realização da nossa tarefa. É de capital importância nós realizarmos a obra em parceria com o resto do Corpo de Cristo no mundo.

Aprender com outras igrejas e contribuir com elas (e elas conosco) no esforço missionário deve ser a nossa prioridade nessa área de parceria. Dentre as muitas coisas que temos que aprender com essas igrejas, e que não deveríamos negligenciar, são: suas estruturas e como elas funcionam em todo o processo para melhorarmos também as nossas próprias estruturas e fazê-las funcionar de maneira correta; seu cuidado para com aqueles que são enviados por eles; qual o tipo de treinamento oferecido, visão de ministério. É preciso que entendamos que essa deve ser uma parceria aonde os obreiros da igreja do chamado terceiro mundo, sejam reconhecidos como parceiros de verdade, tratados no mesmo nível, tendo seus dons ministeriais reconhecidos, como uma contri-buição a ser dada para a maturidade do Corpo de Jesus Cristo. Já não existem mais Judeus e nem Gregos, escravos e senhores, pois fomos feitos um em Cristo Jesus.

Em último lugar, a vantagem dessa igreja é que ela só pode contar com o poder de Deus para levar adiante a mensagem do Evangelho. Essa presença pode ser notada na forma como o Espírito Santo de Deus tem operado através dela e feito ela expandir. Queria destacar a ideia tão bem expressada por Newbigin, quando fala sobre a presença de poder velada na fraqueza: "Num mundo de tantos conflitos étnicos e animosidade, especialmente contra a dominação dos países do primeiro mundo, considerados cristãos e opressores. Uma igreja que não possua o poder político está livre do peso de tentar usar poderes humanos para dominar e influenciar o mundo". Uma boa maneira de pensar sobre tudo isso que temos falado é conforme descrito por David J. Bosch14, citando D.T.Niles, quando retrata missões como um mendigo contando a outro mendigo aonde encontrar pão. Creio que poderíamos dizer que nós somos (enquanto igreja dos pobres) tão dependentes desse pão quanto àqueles para quem nós estamos indo e que a medida que o compartilhamos podemos experimentar o verdadeiro sabor e o valor nutritivo dele.

> Qual o significado de missão transcultural.

Não podemos falar sobre missão transcultural sem pelo menos tentar entender o que é cultura. Muitas vezes dizemos que fulano tem muita cultura porque ele ouve música clássica, gosta de teatro ou sabe usar os garfos e colheres que estão na mesa durante um jantar sofisticado. E dizemos que uma pessoa não tem cultura quando não se comporta de modo "civilizado". Cultura, no entanto, envolve toda a criação humana. Ela é constituída do estilo de vida de toda uma sociedade, ou de um grupo específico dentro da mesma.

Portanto, quando falamos de missão transcultural, estamos falando do esforço da igreja em cruzar qualquer fronteira que separe o missionário de seu público alvo. Para se engajar na missão transcultural, você não tem que prioritariamente cruzar barreiras politico-geográficas. Porém, em nosso caso teremos que necessariamente cruzar barreiras mais conheci-das como a da linguística, dos costumes, das etnias, das religiões, além das sociais, morais etc. É difícil para muitos falar sobre a tarefa da missão transcultu-ral, quando muitas outras tarefas ainda continuam, diante da Igreja de Deus, por serem realizadas em nosso próprio contexto e local. Aquilo que é necessário ser feito localmente, tanto dentro como fora da Igreja, demanda muito tempo e esforço das comunidades, acabando por ofuscar a visão das mes-mas para a tarefa mais importante de Igreja, neste atual milênio, que é a evangelização missionária transcultural.

Consequentemente, nós poderíamos dizer que o resultado desse tipo de atitude é 25% da população mundial, ou seja, 1,5 bilhões de pessoas, nunca ouviram do evangelho sequer uma vez. Porém, se falarmos em número de povos, vamos descobrir que da tabela dos 11.874 povos, 3.915 deles nunca

219

ouviram do evangelho. E o que dizer das 240 tribos indígenas brasileiras, das quais 126 não possui presença evangélica, enquanto que 06 tem situação indefinida. Será que estas pessoas não tem o direito de ouvir pelos menos uma vez na vida a mensagem de salvação? É nesse sentido que a missão transcultural e ou a evangelização transcultural deve ser a mais alta prioridade no evangelismo missionário hoje. Precisamos alcançar estes 1,5 bilhões de pessoas que estão distantes culturalmente de nós e que nunca ouviram às Boas Novas de salvação em Cristo Jesus. Tornar a Igreja acessível para cada um desses povos e permitir que eles entendam claramente a mensagem e tenham condição de respondê-la positivamente é nossa missão.

O Deus da Bíblia é o Deus da História. Ele tem um propósito para ela. A Bíblia toda é clara quanto a isso e descreve este propósito do início ao fim.

Se cremos que a Bíblia é a Palavra de Deus devemos crer necessariamente que missões transculturais é o programa de Deus, visto que de Gênesis ao Apocalipse ela nos revela o amor de Deus pelas nações da terra (Gn 12. 3; Is49. 6; Ap 5. 9).

XII

A PRIORIDADE DO CHAMADO: EIS-ME AQUI

Depois disso, ouvi a voz do Senhor, que dizia: A quem enviarei, e quem há de ir por nós? Então, disse eu: eis-me aqui, envia-me a mim

Isaías 6:8

A JANELA 10/40.

O Mundo Islâmico E A Janela 10-40

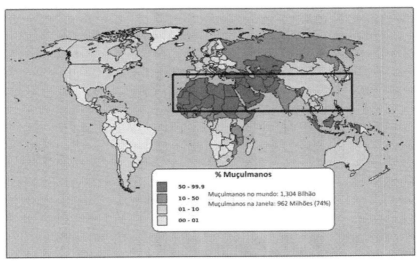

FIG. 2: Janela 10-40. Região onde se encontra a maior resistência ao evangelho do nosso Senhor Jesus Cristo, onde grande parte desta resistência provém dos próprios governos.

Creio que a busca de recursos e estratégias para alcançar os países da janela 10/40 seja um dos assuntos mais abordados pelas igrejas, agências missionárias e organizações que se interessam em fazer parte da grande comissão. Chamamos essa região de janela 10/40 porque está localizada entre os paralelos 10/40 do globo terrestre, um espaço comparado a uma janela retangular, que se estende desde o oeste da África até o leste da Ásia. Os países dessa região são considerados o "Cinturão da Resistência", ou seja, um número expressivo de povos não alcançados pelo evangelho. Ao todo são 62 países localizados na janela 10/40. O maior desafio missionário dos últimos tempos. Para você que está iniciando um departamento missionário em sua igreja é necessário conhecer um pouco dessa realidade.

É justamente nessa região onde acontece o maior número de guerras e tragédias no mundo. Lá também está o maior índice de analfabetismo, menor renda per capita e mortalidade infantil. Ali está o berço do mundo, onde há três religiões que crescem muito: Budismo, Islamismo e Hinduísmo. Por isso, estarei focalizando neste penúltimo capítulo deste livro. A fim de que você possa conhecer um pouco da realidade do mundo atual e através dessas informações mobilizar sua igreja para orar mais detalhadamente por esses países. Janela 10/40. É a região entre o Atlântico e o Pacífico, e entre os paralelos 10 e 40 de latitude norte, onde vive a maior população mundial com menos oportunidade de ouvir o evangelho.

Budismo, Islamismo e Hinduísmo são as três religiões que mais crescem nesses países. Religiões que anualmente têm matado milhares de pessoas e adeptos, por causa das facções existentes entre eles mesmos e da perseguição causada contra os cristãos residentes nessas áreas de risco. Ali, ter liberdade de expressão e adorar ao Deus verdadeiro é quase uma blasfêmia contra as ideologias pregadas pelos líderes dessas religiões. Vejamos abaixo um pouco sobre os fundamentos dessas religiões.

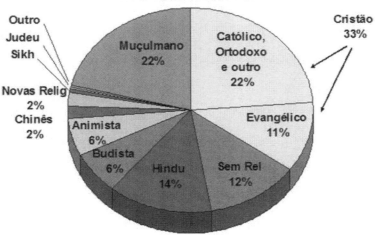

As Principais Religiões do Mundo

FIG. 3:   Tabela de porcentagem. Esta tabela ilustra claramente a dominação sobre os povos da terra através de falsas religiões.

O Budismo foi fundado na Índia, por volta do século VI a.C por um pregador chamado Buda. Em várias épocas, o budismo tem sido a força religiosa, cultural e social dominante na maior parte da Ásia, especialmente, na China, no Japão, na Coreia, no Vietnã e no Tibet. Em cada região, o budismo combinou-se com elementos de outras religiões, como o hinduísmo e o xintoísmo. Atualmente, o budismo tem cerca de 613 milhões de adeptos no mundo. A maior parte deles vive em Sri Lanka, nas nações do interior do Sudeste da Ásia e no Japão. As crenças do Budismo: todos os Budistas têm fé em Buda, em seus ensinamentos, chamados de "Darma"; - Na comunidade religiosa que ele fundou, chamada "Sanga".

Os budista chamam Buda, Darma e Sanga de os Três Refúgios ou as Três Joias.

Buda nasceu por volta de 563 a.C. no sul do Nepal. Seu nome verdadeiro era Sidarta Gautama. Era membro de uma rica e poderosa família real. Com cerca de 29 anos, Gautama converteu-se de que a vida estava cheia de sofrimentos e tristeza. Essa convicção o levou a abandonar a esposa e o filho recém-nascido, e procurar a iluminação religiosa como monge viajante. Depois de percorrer o nordeste da Índia por aproximadamente seis anos, Gautama teve a iluminação. Ele acreditou ter descoberto a causa de a vida estar cheia de sofrimento e como homem poderia escapar dessa existência infeliz. Após outras pessoas terem tomado conhecimento de sua descoberta, passaram a chamá-lo de Buda, que significa "o iluminado"

FIG. 4: Objeto de idolatria. Estátua do buda, usada para fazer cultos de idolatria. Os idolatras não herdaram o reino de Deus. 1 Co 6:9-10

A palavra Islamismo significa submissão a Deus, e muçulmano é aquele que segue as leis islâmicas. A revelação do islamismo foi dada a Maomé, que é reverenciado pelos muçulmanos como o maior profeta. Maomé não é apenas um nome, mas um título – "Aquele que é adorado". Maomé nasceu em 570 d.C. em Meca, uma cidade da Arábia. Seu pai morreu antes do seu nascimento. Era membro do clã Hashim e de uma poderosa tribo Quraysh. A mãe de Maomé morreu quando ele tinha apenas 6 anos de idade. Maomé foi viver com o avô, que era guardião de Ka'aba. Tristemente, dois anos depois, seu avô também morreu e desde a idade de 8 anos Maomé foi criado por seu tio, Abul Talib, que era mercador nas rotas de camelos mercantes.

Cresceu durante uma época de insegurança econômica e descontentamento com as diferenças entre os muito ricos e os pobres. A adoração a deuses pagãos era muito comum na Arábia. Estima-se que existiam cerca de 360 deuses a serem aplacados, com mais de 124.000 profetas conhecidos. Consta nos arquivos da história muçulmana que desde menino Maomé detestava a adoração aos ídolos e que levava uma vida moral pura. Maomé foi empregado por Khadija, uma rica viúva, para administrar a caravana mercante. Ficou conhecido como Al-Amin", o "Digno de confiança", e foi um proeminente membro da associação mercante de Meca.

Aos 25 anos casou-se com Khadija com quem teve 6 filhos; todos morreram, menos a filha caçula – Fátima. Maomé e Khadja ficaram casados 25 anos. Mais tarde, depois da morte de Khadija, Maomé aprovou a poligamia e casou-se com várias mulheres. Aos 40 anos, ficou muito preocupado com a situação de seus compatriotas e gastou muito de seu tempo em meditação sobre assuntos religiosos. Durante sua vida. Maomé conheceu muitos cristãos, sacerdotes e judeus. Muitas vezes, buscou conselho de um monge jacobino que lhe ensinou vários aspectos dos costumes religiosos judaicos. Durante o mês de Ramadam, Maomé retirava-se para uma caverna na encosta do Monte Hira, a três milhas de Meca. Foi durante uma dessas ocasiões que ele começou a receber revelações e instruções que acreditava serem do arcanjo Gabriel. Estes escritos formam a base do Alcorão.

Junto com o Alcorão, há o livro de Hadiths. Ele contém os ensinos de Maomé, e é tão importante quanto o Alcorão em todas as áreas da vida do muçulmano. Maomé declarou que o Alcorão era a revelação final e superior do único e supremo Deus. Proibiu a adoração aos ídolos e ensinou que a vida do muçulmano deve ser completamente submissa a Alá, com abluções rituais antes das cinco orações diárias, voltados para Meca. A sexta-feira tornou-se o dia separado para adoração na mesquita.

FIG. 5: Templo de falsa religião. Conhecido como Masjid al-Haram, os muçulmanos são obrigados a seguir rituais religiosos relacionados a esta mesquita, aonde muçulmanos de todo o mundo se voltam para Kaaba, ao proferir as suas repetições.

A origem do hinduísmo se encontra num sincretismo que vem a ser um confronto entre o hinduísmo e o islamismo, e inaugura uma nova fase no desenvolvimento na Índia. É resultante de tentativas de fusão das religiões dominantes, trazidas para a Índia há mais de três mil anos por povos cuja origem é incerta e cujas crenças já existiam. O hinduísmo prega a existência de um número imenso de deuses, embora considere Brama o primeiro grande deus, de onde provêm outros milhares de deuses. Quanto à origem dos seres e do próprio Brama, segundo o ensinamento do Hinduísmo, havia antes um mundo submerso na escuridão, sem atributos, imperceptível ao raciocínio, não revelado e como que entregue inteiramente ao sono. Além de Brama existem Siva e Vishnu, os quais formam a trindade hindu. No hinduísmo, a natureza dos deuses é muito variável, isto é, determinado deus pode ser bondoso ou favorável numa circunstância e violento e cruel em outra. Vishnu é tido como conservador e Siva como destruidor, podendo ambos tomar formas diferentes e terríveis. Em relação aos animais, as crenças hinduístas são complexas: a vaca sem exceção das diferentes seitas, é considerada sagrada, não pode ser morta nem comida. O rato, por exemplo, é considerado deus e come comida suficiente para alimentar toda a população do Canadá. Até o começo deste século, alguns ramos do hinduísmo ofereciam aos deuses sacrifícios humanos. Viver é sofrer – Sentimento idêntico ao do budismo – e deixar de viver é alcançar a paz eterna do nirvana, contínuo renascer. Para muitos hinduístas há uma lei fatal, a lei do Karma (destino). Hoje existem cerca de quase um bilhão de hindus nos mundo e eles possuem estratégias como: meditação, transcendental, ioga, pensamento nova era e Krishna.

FIG. 6: Objeto de idolatria. Imagem hindu de saraswati, usada para fazer cultos de idolatria. Os idolatras não herdaram o reino de Deus. 1 Co 6:9-10

Diante dessa tão triste realidade, cabe a nós como igreja nos levantarmos para fazer algo por tanta gente que tem vivido debaixo do jugo da Satanás através das religiões, que não seguem o termo original da palavra: religar. Mas ao contrário disso, distancia a raça humana de Deus. Como igreja temos a função restauradora de trazer de volta o relacionamento do homem com Deus. Para isso, precisamos saber como se encontra o homem e como podemos nos posicionar, levantar e fazer um trabalho de adoção daqueles que são órfãos espirituais, ou melhor, daqueles que precisam conhecer o verdadeiro amor de Deus.

DADOS E DEVERES DA MISSÃO EVANGELÍSTICA

Povo Etnolinguístico. É um grupo étnico ou racial, distinto de outros, que fala o mesmo idioma ou língua materna. Pode se encontrar vivendo dentro de um só país ou distribuído por vários. Também conhecido com Etno-Povo.

Povo não alcançado. Um grupo humano (povo) dentro do qual não existe uma comunidade de

233

crentes que se dispõe de pessoas ou recursos suficientes para evangelizar o restante do próprio povo e, portanto, precisam de um esforço missionário de fora, principalmente transcultural.

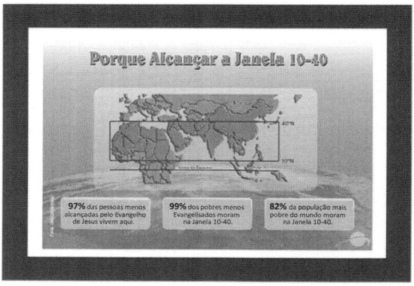

FIG. 7: Estatísticas da Janela 10-40. Região onde se encontra a maior resistência ao evangelho do nosso Senhor Jesus Cristo, onde o coração da Janela 10-40 é o próprio pais de Israel, berço do evangelho.

País fechado. País cujo governo fechou as portas para a entrada de missionários, negando-lhes vistos de permanência.

Missionário bi-vocacional, fazedor de tendas. Missionário com uma profissão dupla, servindo como profissional em um país de acesso restrito ou fechado e realizando ao mesmo tempo um ministério evangelístico de tempo parcial.

Missionário não-residente. Missionário que está servindo em algum país de acesso ou fechado e que por isso se vê impossibilitado de residir ali. Desenvolve seu trabalho a partir de um país próximo visitando frequentemente o país-alvo e realizando seu ministério de forma itinerante.

Pioneiro. É o termo que nós usamos em referência à pessoa ou pessoas que abrem trabalhos novos e implantam igrejas novas.

Etapas para se adotar um povo. Normalmente, para levar o evangelho a um povo não alcançado e implantar uma igreja autóctone dentro dele, leva um período relativamente longo, provavelmente vários anos. Para nossa mentalidade latina, acostumada com o improviso e querendo ver resultados quase imediatos, convém compreender bem que em se tratando de missões pioneiras e povos não-alcançados, não poderemos esperar frutos tão rápidos como os que temos na América Latina.

Evangelismo. É a reunião dos princípios, métodos e ferramentas para a prática da evangelização, da proclamação das boas-novas de Jesus Cristo. Diz a

Bíblia: "... que Cristo morreu por nossos pecados, segundo as Escrituras; que foi sepultado; que foi ressuscitado ao terceiro dia, segundo as Escrituras" (Co 15. 3,4). Proclamar as boas novas às pessoas perdidas do mundo inteiro é o evangelismo em ação.

A base da Evangelização. Evangelizar é divulgar as Boas Novas de que Jesus Cristo morreu pelos nossos pecados e ressuscitou dentre os mortos, segundo as Escrituras, e que como Senhor e Rei Ele agora oferece perdão dos pecados e o dom libertador do Espírito a todos os que se arrependem e creem. A nossa presença cristã no mundo é indispensável à evangelização e assim é também o diálogo em si é a proclamação do Cristo bíblico e histórico como Salvador e Senhor, com o propósito de persuadir os homens a se chegarem a Ele individualmente e assim reconciliados com Deus. Na proclamação do convite de evangelho, não temos o direito de ocultar o preço do discipulado. Jesus continua a requerer de todos que desejam segui-lo que neguem a si mesmos, tomem a sua cruz e identifiquem-se com a sua nova comunidade. Os resultados do evangelho incluem obediência a Cristo, inclusão no seio da igreja e serviço fidedigno no mundo.(1 Co 15. 3,4, At 2.32,29, Lc 14. 25,33, Mc 8.34, At 2.40,47).

OS CHAMADOS A EVANGELIZAÇÃO

Afirmamos que Cristo envia os seus chamados ao mundo, assim como o Pai enviou, e isso requer uma penetração de igual modo profunda e sacrificial. É necessário que larguemos os nossos "guetos" eclesiásticos e que impregnemos a sociedade não-cristã. O serviço de evangelização abnegada figura como tarefa mais urgente da igreja. A evangelização mundial requer que a igreja toda leve a todo mundo o evangelho integral. A igreja ocupa o ponto central do propósito divino para com o mundo e é o instrumento escolhido por Deus para a divulgação do evangelho.

Todavia, uma igreja que prega a cruz deve também levar as marcas da cruz. A igreja se torna pedra de tropeço para a evangelização quando trai o evangelho ou quando lhe falta a fé viva em Deus, o amor genuíno pelas almas ou quando deixa de ser escrupulosamente honesta em todas as coisas, inclusive nas áreas de promoção e finanças. A igreja é a comunidade do povo de Deus e não uma mera instituição. Ela não deve ser identificada com nenhuma cultura em particular, nem com qualquer sistema social ou político e nem com ideologias

237

humanas (Jo 17.18,21, Mt 28.19,20, At 1.8,20.27, Ef 1.9,10,Gl6.14,17, 2Tm 2.19,21,Fp1.27).

DE MÃOS DADAS NA EVANGELIZAÇÃO

O propósito de Deus é que haja na igreja unidade visível de pensamento quanto à verdade. A evangelização também nos convoca à unidade, posto que a união de força robustece o nosso testemunho, "a união faz a força"; "Oh! quão bom e quão suave é que os irmãos vivam em união"! (Sl 133.1); "uma só andorinha não faz o verão", assim a desunião solapa o evangelho da reconciliação. Reconhecemos, porém, que a união puramente oriunda de organização pode se apresentar de várias formas, sem, contudo, necessariamente contribuir para a intensificação da evangelização. Todavia, nós que compartilhamos da mesma fé bíblica devemos estar estreitamente unidos pelos laços da comunhão fraternal, da obra e do testemunho. Confessamos que o nosso testemunho, às vezes, tem sido desvirtuado pelo individualismo culposo e pela desnecessária duplicação de esforços. Dispomo-nos a buscar uma união mais profunda em torno da verdade, do culto a Deus, da profunda fé em torno da verdade, do culto a Deus, da santidade e da nossa missão. Estimulamos a todos que se estabeleça uma unidade dos membros do corpo de Cristo ou seja regional e funcional para melhor implemento da missão da igreja, para cuidar de planejamento estratégico, para encorajamento mútuo e para compartilhar recursos e experiências (Jo 17. 21,23,Ef4. 3,4, Fp1.27).

Batalhas espirituais

Estamos envolvidos em guerra constante contra os principados e potestades do mal, que buscam destruir a Igreja e malograr sua tarefa de evangelização mundial. Reconhecemos a necessidade de nos revestirmos da armadura de Deus e entrar nessa batalha com as armas da verdade e da oração. Percebemos a atividade do nosso inimigo, não somente nas falsas ideologias fora da igreja, mas também dentro dela, na existência de falsos evangelhos que torcem as Escrituras e colocam o homem na posição de Deus. A situação demanda vigilância para salvaguardar o evangelho genuíno. Nós mesmos não estamos imunes ao mundanismo, quer de pensamento ou de ação, isto é, não somos imunes ao perigo de capitularmos ao secularismo.

Por exemplo, embora tendo à nossa disposição pesquisas bem preparadas, valiosas, sobre o crescimento da igreja, tanto no sentido numérico como espiritual, às vezes não as temos utilizado. Por outro lado, por vezes tem acontecido que, na ânsia de conseguirmos um aumento em número, temos comprometido a mensagem, manipulando os nossos ouvintes pelo uso de técnicas de pressão e ficando excessivamente preocupados com as estatísticas ou até mesmo desonestamente; tudo isso é mundanismo. A igreja precisa estar no mundo, mas o mundo não pode estar na igreja (Ef 6.12, 2Co 4.3, 1Jo 2.18,26,Gl 1.6,9,Jo17.15).

A TAREFA INACABÁVEL DE PREGAR O EVANGELHO

"Disse-lhe, porém, o Senhor. Vai, porque este é para mim um vaso escolhido, para levar o meu nome perante os gentios,e os reis, e os filhos de Israel, pois eu lhe mostrarei quanto lhe cumpre padecer pelo meu nome" (At 9. 15,16). Quando falamos em missões, não podemos nos esquecer do homem que compreendeu claramente a essência do chamado missionário da Igreja. O apóstolo Paulo nos exorta a deixarmos de lado as coisas que não produzem resultados espirituais e nos levantarmos para anunciar as Boas Novas de Salvação. O nosso compromisso como igreja é de sair pelo mundo pregando o evangelho. Para isso, Deus nos comissionou e demonstrou essa preocupação através dos mártires do passado que prepararam o caminho com as suas próprias vidas, que foram derramadas em adoração a Deus nas nações para que eu e você estivéssemos aqui hoje. O sangue desses desbravadores produziram sementes que, ao serem jogadas no chão, frutificaram e trouxeram para Deus homens e mulheres de várias partes do mundo.

Um dos mais famosos missionários morávios, conhecido como "o Eliot de Ocidente", foi David Zeisberger. Desde 1735, ele trabalhou 62 anos entre as tribos Huron e outras na América.

Numa determinada ocasião, depois de ter pregado sobre Isaías 64.8: " Mas, agora, ó Senhor, tu és o nosso pai, nós somos barro, e tu és o nosso oleiro; e todos nós obra das tuas mãos". Era manhã de domingo, em Agosto de 1781, a igreja e suas dependências foram invadidas por bandos de salteadores indígenas e nos incêndios que se seguiram, Zeisberger perdeu todos os seus manuscritos das traduções das Escrituras, hinos e anotações extensas sobre as línguas dos índios. Mas Zeisberger abaixou a cabeça em mansa submissão diante da providência soberana de Deus e reiniciou seu trabalho que levaria anos novamente. Que exemplo de dedicação para com a obra missionária.

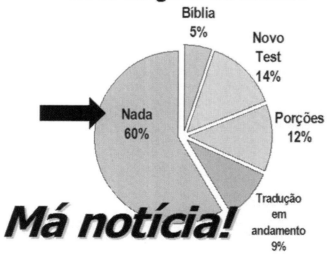

FIG. 8: Tradução da Bíblia. Triste realidade no meio de uma sociedade altamente tecnológica, aonde o preço de um livro como a Bíblia pode chegar a custar somente 2 dólares. Isto reflete a triste prioridade do povo de Deus.

Deus nos chama para assumirmos como igreja este tipo de compromisso com o Reino. Ir para fazer a diferença, mesmo que esta seja notada pelas pessoas anos, ou quem sabe, décadas depois da nossa morte. Seguem-se abaixo algumas perguntas que poderão despertar em você posições que precisam ser tomadas sobre missões a partir de agora: Qual a nossa realidade hoje? Que tipo de igreja somos? O que vamos apresentar ao Senhor no final de tudo? Qual tem sido a nossa responsabilidade para com os perdidos? Que tipo de Evangelho temos vivido? Onde está o nosso coração? Qual a nossa responsabilidade para com aqueles que estão no campo alcançando os perdidos?

A IGREJA QUE SUSTENTA OS SEUS MISSIONÁRIOS

"Ora, muito me regozijo no Senhor por terdes finalmente renovado o vosso cuidado para comigo; do qual na verdade andáveis lembrados, mas vos faltava oportunidade. Não digo isso por causa de neces-sidade, porque já aprendi a contentar-me com as circunstância em que me encontrei. Sei passar falta, e

243

sei também ter abundância; em toda maneira e em todas as coisas estou experimentado, tanto em ter fartura, como em passar fome; tanto em ter abundância, como em padecer necessidade. Posso todas as coisas naquele que me fortalece. Todavia fizestes bem em tomar parte na minha aflição. Também vós sabeis, ó filipenses, que, no princípio do evangelho, quando parti da Macedônia, nenhuma igreja comunicou comigo no sentido de dar e de receber, senão vós somente; porque estando eu ainda em Tessalônica, não uma só vez, mas duas, mandastes suprir-me as necessidades. Não que procure dádivas, mas procuro o fruto que cresça para a vossa conta.Mas tenho tudo, tenho-o até em abundância; cheio estou, depois que recebi de Epafrodito o que da vossa parte me foi enviado, como cheiro suave, como sacrifício aceitável e aprazível a Deus. Meu Deus suprirá todas as vossas necessidades segundo as sua riquezas na glória em Cristo Jesus" (Filipenses 4. 10,19).

Dinheiro nunca foi o maior empecilho para o missionário permanecer no campo. A falta de visão e obediência da igreja, sim. Essa pode retardar o trabalho evangelístico e missionário da igreja. Paulo sabia muito bem do que estava falando. Por um lado, exaltava a visão da igreja filipense que o mantinha no campo e ao mesmo tempo exortava aquelas igrejas que não estavam engajadas na visão de sustentá-lo. Embora saibamos muito bem que, em várias igrejas no mundo, "Brasil", missões não é prioridade, alegramo-nos por aqueles que, mesmo diante das dificuldades, estão participando no sustentos dos obreiros.

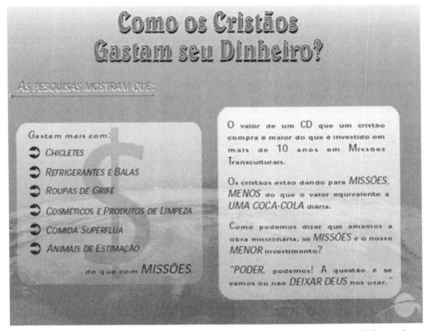

FIG. 9: Consumo de Dinheiro no meio dos Cristãos ocidentais. Esta tabela mostra a prioridade do povo de Deus e dos lideres de igrejas Cristãs.

Não temos condições, estamos em construção, nos projetos internos da igreja, colocaremos em pauta á discussão do envio na diretória da igreja, quem sabe no próximo ano estaremos enviando uma oferta missionária para o ministério de vocês. Quantos missionários já ouviram essas frases? Quantas promessas como essas nunca foram cumpridas? Dinheiro não é problema que possa impedir a igreja de fazer missões, pois o dono do ouro e da prata é o seu Senhor. O problema é como têm sido canalizados esses recursos. Um dia um amigo afirmou que a secretária da convenção de uma determinada igreja arrecadava milhares de dólares por mês, para o sustento dos missionários, só que essa soma de dinheiro nunca chegava até o campo, pois era gasto na administração e nos projetos da convenção e em outras coisas que têm nada a ver com missões.

Segundo alguns missiólogos, a Igreja arrecada ao redor do mundo em torno de quase três trilhões de dólares. Se apenas um por cento dessa arrecadação fosse enviada para o campo missionário, poderia sustentar cem mil novos missionários. Faça a matemática e pense um pouco comigo, não seria mais fácil a manutenção dos obreiros?

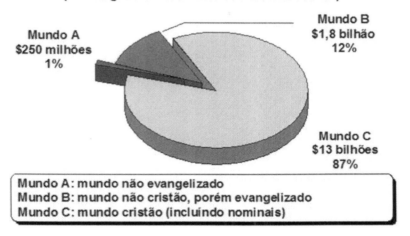

Os Recursos Para Missões
(Como gastamos nossa verba missionária)

Mundo A
$250 milhões
1%

Mundo B
$1,8 bilhão
12%

Mundo C
$13 bilhões
87%

Mundo A: mundo não evangelizado
Mundo B: mundo não cristão, porém evangelizado
Mundo C: mundo cristão (incluíndo nominais)

FIG. 10: Consumo da Verba destinada para missões. Quanto maior é a necessidade, menor é o interesse e verbas aplicadas.

A visão integral da Igreja no Reino de Deus deve ser debatida mais em nossas Igrejas, com a secretaria de missões, nos departamentos das Igrejas e conferências missionárias, tais como: organização, administração e como canalizar os recursos financeiros da Igreja colocando como prioritário o campo de missões, "e ser-me-eis testemunhas tanto em Jerusalém como em toda a Judeia e Samaria e até aos confins da terra" (Atos 1. 8), para que mais pessoas sejam despertadas a se envolverem com o apoio financeiro dos obreiros. Bem afirmou Davi ao retornar da

247

batalha: As partes das riquezas (despojos) que seriam divididas entre o povo, deveriam ser iguais para todos. Tanto para os que foram para a batalha (missionários), para os que ficaram na beira do rio guardando as bagagens (intercessores), quanto para os que permaneceram na cidade (mantenedores). Todos receberiam partes iguais (1 Samuel 30.22,25). Assim também fará o Senhor na hora de entregar o galardão a igreja. O importante é que todos tenham participado da grande comissão.

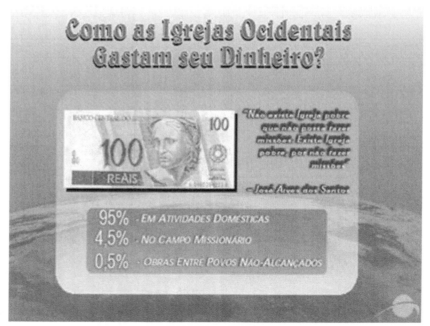

FIG. 11: Consumo de Dinheiro no meio das Igrejas ocidentais. Esta tabela mostra a prioridade de muitas das Igrejas modernas.

> Onde estão os restauradores de brechas da Cidade?

"E busquei dentre eles um homem que levantasse o muro, e se pusesse na brecha perante mim por esta terra, para que eu não a destruísse; porém a ninguém achei." (Ezequiel 22. 30). Assim, a palavra de Deus nos exorta e chama-nos. O Senhor busca na terra aqueles que estão dispostos a tapar as brechas nas cidades, causadas pelo pecado e pelo inimigo de nossas almas. A intercessão é uma das formas mais elevadas de oração para tapar essas brechas, porque trata com uma das coisas mais preciosas e importantes que existem na face da terra: As almas dos homens e mulheres. Num departamento missionário da Igreja deve haver essa preocupação, principalmente em relação àqueles que estão em nossa volta, **que são o nosso campo missionário mais próximo.**

Fomos chamados por Deus para fazermos diferença no mundo em que vivemos. E o mínimo de diferença que podemos fazer é orando pelas cidades e nações. Enquanto Deus escolhe Seus vasos e Seu sacerdócio real não podemos ignorar nossa responsabilidade para com esta geração, que está cativa em trevas espirituais e precisa da nossa ajuda. Certamente Deus

249

está disposto a responder orações. Resta aos homens e mulheres que se agarrem as vastas promessas que Sua palavra contém sobre a oração. E.M. Bounds declara que: "Oração é a linguagem de um homem carregado com um sentido de necessidade... Não orar não é apenas declarar que nada é necessário, mas admitir a não realização dessa necessidade"

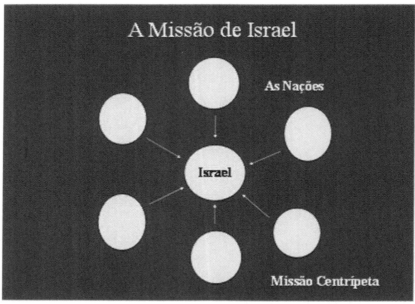

FIG. 12: Modelo Missionário de Missão Centrípeta

Conclusão

A igreja da atualidade deve buscar na Bíblia, sobretudo no Novo Testamento, os padrões e princípios com relação ao anúncio do Evangelho e com relação à liderança, organização, administração eclesiástica, ao planejamento, à direção, evangelização e a missões. A igreja Primitiva continua a ser o modelo suficiente para a Igreja da atualidade operar de forma eficaz, sobretudo na pregação do Evangelho. A Igreja não precisa, portanto, aprender da ciência da administração de empresas ou das técnicas de vendas, a respeito de padrões de organização e liderança, planejamento, direção e evangelização ou missões. A pregação do evangelho não precisa de técnicas e métodos tomados por empréstimo da psicologia nem do show business.

A Igreja não necessita, tampouco, de seguir modelos, métodos e práticas que surgiram nos últimos séculos como "soluções" para as necessidades modernas como resultados de ênfases impróprias em doutrinas e interpretações errôneas de ensinamentos bíblicos, generalização de experiências de personagens do Velho Testamento, experiências de grandes servos pregadores (isolados do Corpo) e noções não-bíblicas, as quais geraram óbvias distorções na vida da Igreja.

O modelo de Igreja para a Igreja da atualidade não pode ser outro a não ser o modelo bíblico que se observou na Igreja apostólica e está registrado sobretudo no livro de Atos. De acordo com esse modelo bíblico, a Igreja precisa ser fiel ao Senhor, em jejum e oração, viver em comunhão com Deus, servir os irmãos e o Senhor, obedecer à Palavra de Deus e às revelações do Espírito Santo, buscar os dons espirituais, usar os dons espirituais com sabedoria e discernimento, evangelizar e se envolver com missões transculturais, anunciando que o Senhor Jesus Cristo salva, está vivo no seio de Sua Igreja e em breve regressará.

Como resultado da fidelidade da Igreja nesses pontos, o Senhor estará operando a Sua parte, batizando os crentes com o Espírito Santo, concedendo dons espirituais, levantando os cinco ministérios, revelando Sua vontade por meio dos dons espirituais e confirmando a pregação do Evangelho com sinais que resultarão na salvação dos pecadores. Em várias partes do mundo o Senhor Jesus Cristo está despertando a Sua Igreja com relação à necessidade de voltar ao modelo bíblico, revendo valores e conceitos apostólicos, revelados nas Escrituras, pois apenas esse modelo é capaz de tornar a Igreja triunfante face aos desafios da atualidade.

Bibliografia

- O mundo do Novo Testamento, J. L. Packer, M. C. Tenney, W. White Jr, Ed Vida.

- O Novo Testamento – Sua Origem e Análise, Merril C. Tenney, Ed. Vida Nova.

- Panorama do Novo Testamento, Robert H. Gundry, Ed Vida Nova.

- A Vida Diária nos dias de Jesus, H. Daniel Rops, Ed. Vida Nova.

- Teologia Sistemática, Wayne Grudem, Ed. Vida Nova.

- Bíblia Shedd, Ed. Vida Nova.

- A Bíblia Anotada, Charles C. Ryrie, Ed. Mundo Cristão.

- Bíblia de Estudo Pentecostal, Donald Stamps, CPAD.

- Bíblia de Estudo Plenitude, Sociedade Bíblica do Brasil.

- Manual Bíblico de Halley, H. H. Halley, Ed. Vida Nova.

- Comentário Bíblico Moody, vários autores, vols. 4 e 5, I.B.R.

- O Novo Comentário da Bíblia, F. Davidson, Ed. Vida Nova.

- Palestras em Teologia Sistemática, Henry Clarence Thiessen, I.B.R.

- Dicionário Bíblico, Mackenzie, Ed. Paulinas.

- Epístolas Gerais, Julie Gunderson, EETAD.

- Espada Cortante/ Vol 1, Orlando Boyer, CPAD.

- Pequena Enciclopédia Bíblica, Orlando Boyer, CPAD.

- Alegrai-vos no Senhor, Exposição Bíblica de Filipenses, Russel Shedd, Ed. Vida Nova.

- O Novo Testamento Interpretado Versículo por Versículo, R. N. Champlin, Hagnos.

- História da Igreja Cristã, Jesse Lyman Hurlbut, Ed. Vida.

-Allen, E. Anthony. Saúde integral a partir da igreja local. Londrina/Curitiba: Descoberta,1998.

- Barro, Antonio Carlos. A missão do povo de Deus. Artigo não publicado, Igreja e sociedade. Artigo não publicado.

- Bryant, Thurmon. O cristão e a fome mundial. 2. Ed. Rio de Janeiro. Juerp, 1988.

- Costas, Orlando E. Compromiso y misión. San José. Editorial Caribe, 1979.

- Carriker, C. Timóteo. Missão integral. Uma teologia bíblica, São Paulo. Ed. Sepal, 1992.

- Heróis da fé, Orlando Boyer, CPAD.

- A Missão da Igreja no Mundo de Hoje, São Paulo, ABU, Ed. e Visão Mundial, 1982.

- Blauw, Johannes, A Natureza Missionária da Igreja, São Paulo, ASTE, 1962.

- Kirk, Andrew J. What is Mission? Theological Explorations, London, Darton, Longman and Todd Ltda; 1999.

- Stott, John, Christian Mission in the Modern World, USA, InterVasty, 1975.

Notas Finais

- Patrick Johnstone; The Church is Bigger than you Think. Pgs. 113-116.

- David J. Bosch; The Vulnerability of Mission. Occasional Paper No. 10.Selly Oak Colleges.

- Lesslie Newbegin; The Gospel in Today's Society.Occasional Paper, Selly Oak Colleges.

- Mission Frontiers; Jan – Feb 1999. The U.S. Center for World Mission.Pgs. 33-37.

- Antonio Carlos Barro; Parceria em Missões.

- Isaías 53. 1.

- Isaías 53. 2.

- 1 Coríntios 1. 28-29.

- Isaías 52. 7.

- Lucas 3. 8.

- Newbigin, Lesslie; The Gospel in a Pluralistic Society. Pgs. 116.

- Newbigin, Lesslie; The Gospel in a Pluralistc Society. Pgs. 120.

- Patrick Johnstone; The Church is Bigger than you Think.

- David J. Bosch; The Vulnerability of Mission. Occasional Paper No 10, Selly College.